子どもが夢中になる！

ぜ～んぶ あそべる！おりがみ60

監修　お茶の水 おりがみ会館　館長　小林一夫

1、2章では、子どもがひとりでチャレンジできるものや、保育者や友達とかかわりながら作り、完成したら皆であそべる、面白い作品を多数集めました。

その作品であそびたいから、夢中になって自ら作ろうとする。

子どもたちのそんな姿を喜びとともに引き出すことができたら——

そういった思いでこの本を作りました。

また、3章では、難易度が高いのですが、保育室に飾ったり、子どもにプレゼントしたりしたくなるような作品を紹介しています。

ぜひ園やご家庭で、子どもと一緒に折り紙をあそびつくしてください。

お茶の水 おりがみ会館　館長　小林一夫

Gakken

JN041896

目次 　折り方の記号……4

1章　ひとりでおりがみ

2章　いっしょにおりがみ

3章　リアルなおりがみ

おはなし ＋ へんしん

折っていく過程で複数の作品に変身していく作品です。
紙芝居のように、作品が完成したタイミングで、子ども
たちとお話を作ってあそんでみましょう。
それぞれの作品に、お話の作成例を掲載していますので、
参考にしてください。

伝承おりがみ

★のマークがついているものは、伝承おりがみと
呼ばれる昔から伝わってきたおりがみ作品です。
古く、誰がどこで折り始めたものかはわかりませ
んが、誰もが知っているものを誰でも折れる明確
な折り方で形にしたもので、今もなお、多くの人
に折られ、愛され続けている作品です。

※ポテトセットは、パックのみ伝承おりがみです。

折り方の記号

本書で使用している折り方の記号について解説します。まずはよく目を通してから作品作りを始めましょう。また、1・2章では基本的に15cm角の折り紙を使用しています。

巻き折り

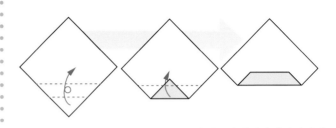

続けて巻くように折ります。

山折り

折り筋が外側になるように折ります。

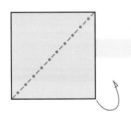

段折り

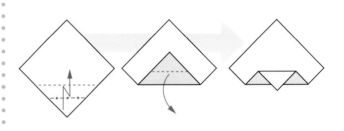

山折りと谷折りを順番に行います。

谷折り

折り筋が内側になるように折ります※1。

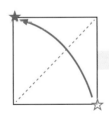

差し込む

矢印が示す隙間に、紙を差し込みます。

折り筋をつける

折って、折り筋をつけます。山折りの場合は⌒で示しています※2。

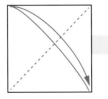

引き出す

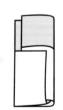

矢印の向きにしたがって、内側の紙を外へ引っ張るように出します。

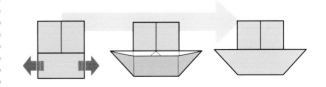

4 ※1 折り図において、紙と紙を合わせて折る場合、かつ、折り筋の線を目安にできない箇所には☆と★のマークを入れています。その場合、☆の部分が★に合うように折ってください。

中割り折り

角をつまんで紙の内側に向け、折りたたみます。

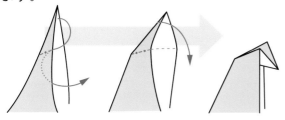

かぶせ折り

一度折り筋をつけ、外側にかぶせるように角を折ります。

開く

矢印の指し示す場所にしたがって開きます。

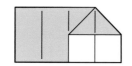

切る

はさみのマークの場所と切り線の目安にしたがって切ります。

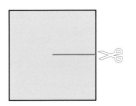

裏返す

上下の向きは変えないまま裏を表にします。

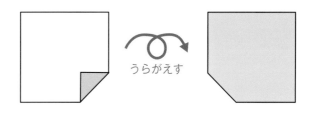

向きを変える

矢印の向きにしたがって方向を変えます。

同じ幅に折る

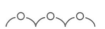

定規で指定の等分を測って折ります。

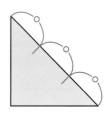

拡大・縮小

拡大は1つ次の工程の写真もしくは図が大きくなります。逆に縮小では小さくなります。

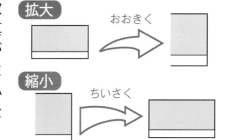

※2 折り筋は細い実線で示しています。

3章で使う折り方の記号　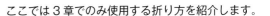ここでは3章でのみ使用する折り方を紹介します。

かかと折り

角を矢印の向きにした
がって中割り折りします。

上の1枚を矢印の
向きにしたがって
折り上げます。

図のように折ります。

折り口を矢印にした
がって下ろします。

完成。

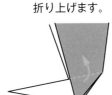

おじぎ折り

⇨から開いて角を下に
向かって下ろします。

折っているところ。

谷折り線の折り筋が内
側になるように折り込
んで完成です。

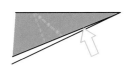

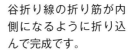
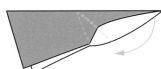

省略

折り図が入りきらない
場合は、折り図の一部
を省略して表記をして
いることがあります。

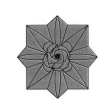

⚠ ご使用の前に必ずお読みください

● 事前に、はさみなどの道具の使い方を子どもに指導してからあそびま
しょう。

● 誤飲のおそれがありますので、子どもが道具や食べ物を模した折り紙
の作品をなめたり口に入れたりしないように注意してください。

● 折った折り紙を使ってあそぶときは、周りの環境や足元に十分注意し
てください。また、人や動物に向かって投げたりしないように注意し
てください。

1章

ひとりでおりがみ

山折り、谷折り（一部段折り）の、基本的な折り方で作れる作品を集めました。
ひとりひとりの子どもの理解度に合わせて、取り組んでみましょう。
紙のサイズの指定があるものについては、保育者が用意しておきます。

くるくる まわって おりてくる
ちょうちょう

つかうおりがみ
■ 1まい

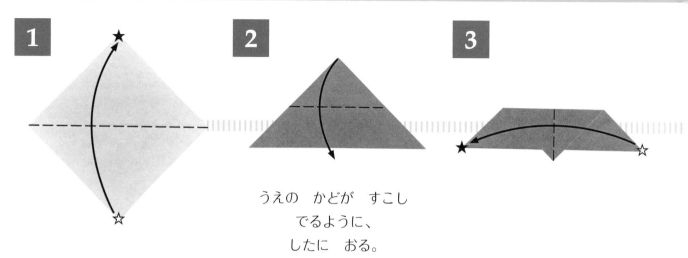

うえの かどが すこし
でるように、
したに おる。

8

高いところに投げると、回転しながら下りてきます。
大人が飛ばして子どもがキャッチしても楽しいです。

えい！

くるくるくるくる〜

1 図のように、親指と人差し指で挟んで持ちます。

2 高いところに向かって飛ばしてあそびます。

3 ちょうちょうがくるくる回って下りてきます。

7

できあがり

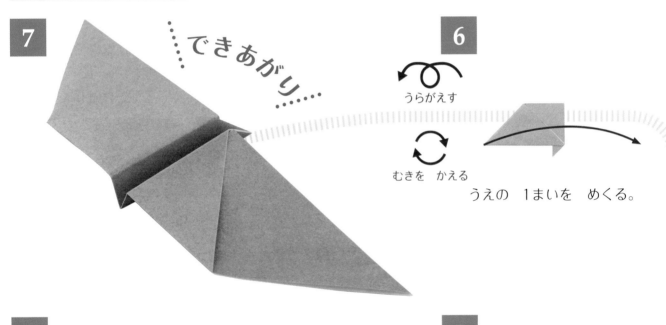

6

うらがえす

むきを　かえる

うえの　1まいを　めくる。

4

うえの　1まいを
おる。

5

おった　ところ

うらがえす

★と　☆が
あうように　おる。

おいた ばしょを たたくと おどりだす

とんとんたこダンス

つかうどうぐ

テープ　はさみ　じょうぎ

つかうおりがみ

1まい

1

2

3

㋐

㋐の おりすじまで
はさみで きる。

4

1㎝

3で きった ところに
1センチ かぶせて おる。

5

☆　★

つつのように まるめて、
☆を ★に さしこむ。

10

あそびかた

たこを10cm×10cm程度の平たい空き箱の上にのせ、箱の端をとんとん叩いてあそびます。箱が揺れ、振動でたこが踊っているように動きます。複数のたこで同時にあそぶ場合は、大きい箱を用意します。
最後まで作ってしまうと顔が描きにくいので、4までできたら顔を描き、5〜7の工程を行ってもよいでしょう。

とんとんずもう

子どもが作ったたこを、対戦させてあそんでみましょう。20cm×20cm程度の平たい空き箱を用意します。
画用紙を丸く切って作った土俵をのせれば、より楽しめます。

1 土俵にたこを2つ向き合わせて置き、箱の両端を指先で叩きます。

2 どちらかのたこが土俵から出たら試合終了。出た方が負けです。

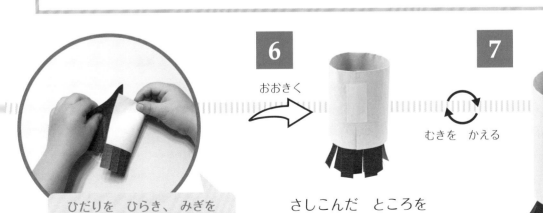

ひだりを ひらき、みぎを いれて とじると やりやすい。

6 おおきく → さしこんだ ところを テープで とめる。

7 むきを かえる

できあがり

がったいねこ

つかうおりがみ

ねこ　1まい
からだ　1まい

いぬ　作品紹介：樫永典子

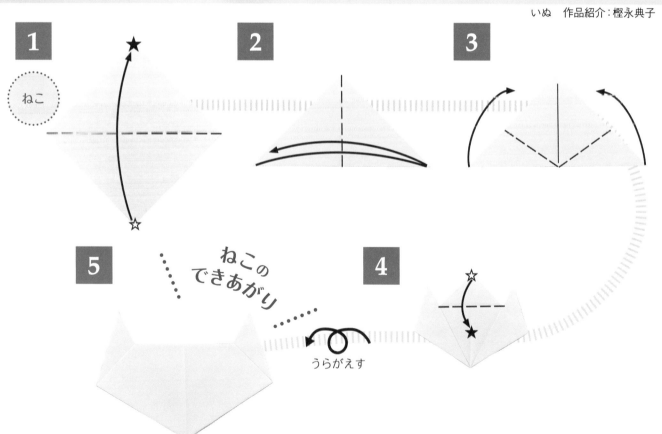

1 ねこ

2

3

5

ねこの
できあがり

うらがえす

4

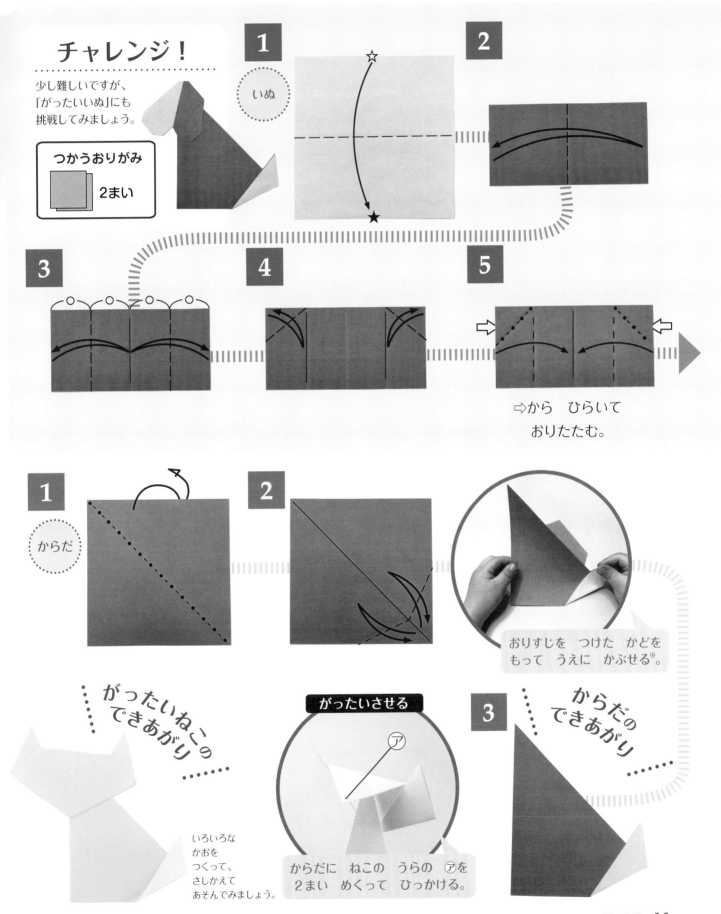

チャレンジ！

少し難しいですが、
「がったいいぬ」にも
挑戦してみましょう。

つかうおりがみ
2まい

1 いぬ

2

3

4

5

⇨から ひらいて
おりたたむ。

1 からだ

2

おりすじを つけた かどを
もって うえに かぶせる※。

がったいねこの
できあがり

いろいろな
かおを
つくって、
さしかえて
あそんでみましょう。

がったいさせる

⑦

からだに ねこの うらの ⑦を
2まい めくって ひっかける。

3

からだの
できあがり

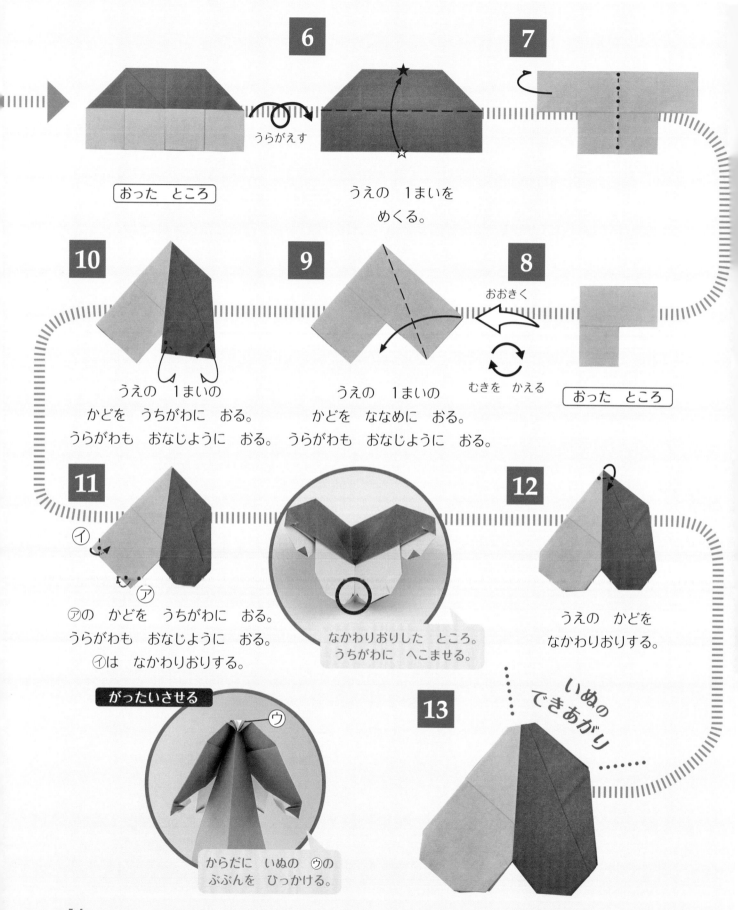

6

おった ところ

7

うえの 1まいを
めくる。

10

うえの 1まいの
かどを うちがわに おる。
うらがわも おなじように おる。

9

うえの 1まいの
かどを ななめに おる。
うらがわも おなじように おる。

8

おおきく

むきを かえる

おった ところ

11

⑦の かどを うちがわに おる。
うらがわも おなじように おる。
④は なかわりおりする。

なかわりおりした ところ。
うちがわに へこませる。

12

うえの かどを
なかわりおりする。

がったいさせる

からだに いぬの ⑦の
ぶんを ひっかける。

13

いぬの
できあがり

ひらひら　ふわふわ　おちてくる

くるくる

つかうどうぐ

はさみ　じょうぎ

つかうおりがみ

6 ぶんの
1 まい

あそびかた

子どもたちとたくさん作って下から上に向かって投げるか、つまんで頭の上で手を離しましょう。くるくる回転しながら落ちてきてきれいです。
誕生会などにぴったりの作品です。

3

できあがり

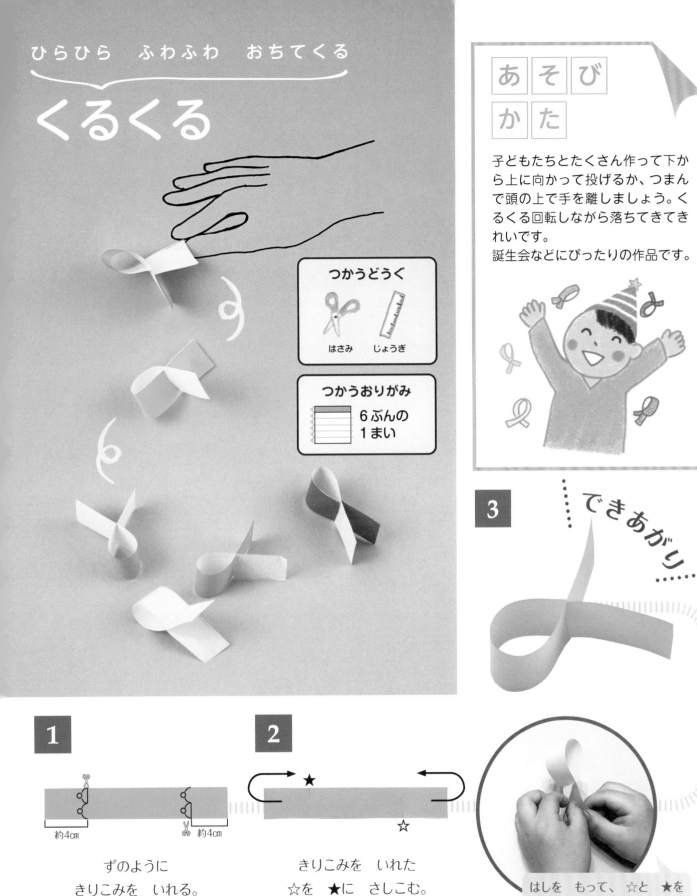

1

約4㎝　　約4㎝

ずのように
きりこみを　いれる。

2

★　　☆

きりこみを　いれた
☆を　★に　さしこむ。

はしを　もって、☆と　★を
かみあわせるように　する。

おしゃべりかっぱ

つかうおりがみ

3ぶんの
2まい

1

2

穴に指を入れて開閉すると、口がぱくぱく動きます。

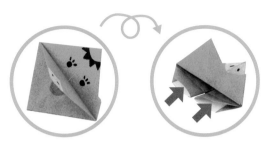

ひらく　　　とじる

1 赤い矢印が指している後ろの穴に、親指と人差し指を入れます。

2 穴のなかで親指と人差し指をくっつけたり離したりすると、かっぱの口が開いたり閉じたりします。

7

できあがり

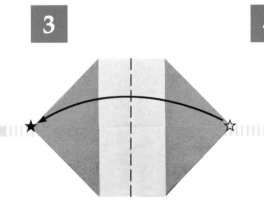

6

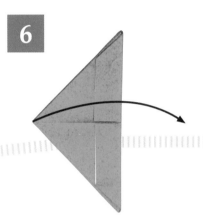

うえの　1まいを　ひらく。

3

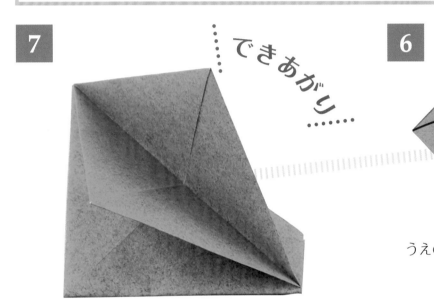

4

おおきく

うらがえす

5

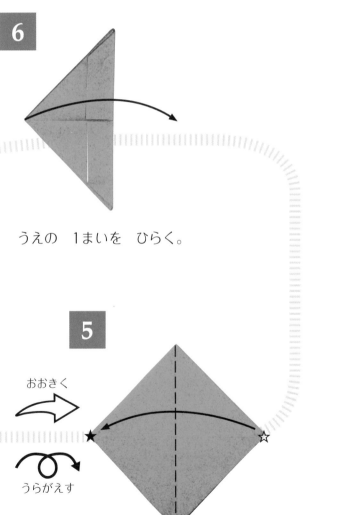

ならべて　たおして　あそぼう
ころころ

つかうおりがみ

1 まい

原案：仲田安津子

1

かみを　はんぶんに　して、
うえを　ほんの
すこしだけ　おる。

おりがみを　はんぶんに　して
もち、しるしを　つける。

2

あける

しるしから　すこし
あけて、かどを　おる。

3

あける

4

うえの　かどを　すこし
だして　おる。

5

おおきく

だした　かどに
かさならないように　おる。

あそびかた

ころころをいくつか作って並べます。そのとき2㎝程度の間隔を作って並べましょう。最初の1つの、上部を軽く押すだけで、ころころ倒れてドミノ倒しあそびができます。

クラスでたくさん作り、長いドミノを作ってあそんでみましょう。

えい！
わぁ！すごい！
コロコロ〜
トン

9 ……できあがり……

8

6で つけた
おりすじに そって おる。

7

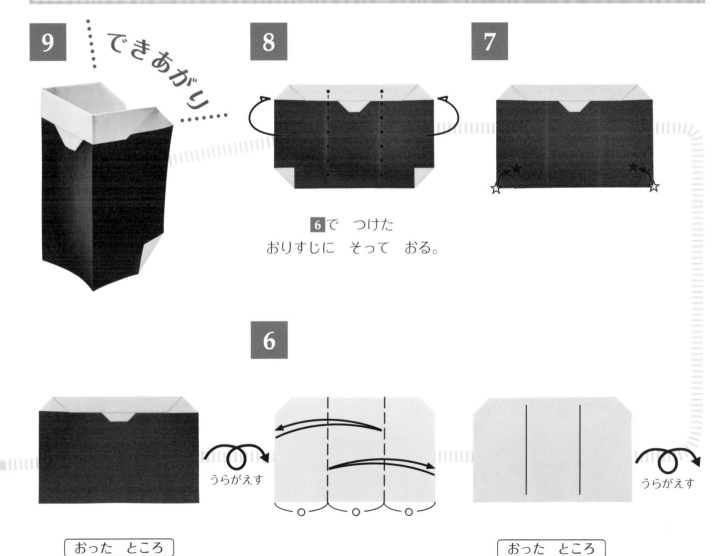

6

おった ところ

うらがえす

おった ところ

うらがえす

19

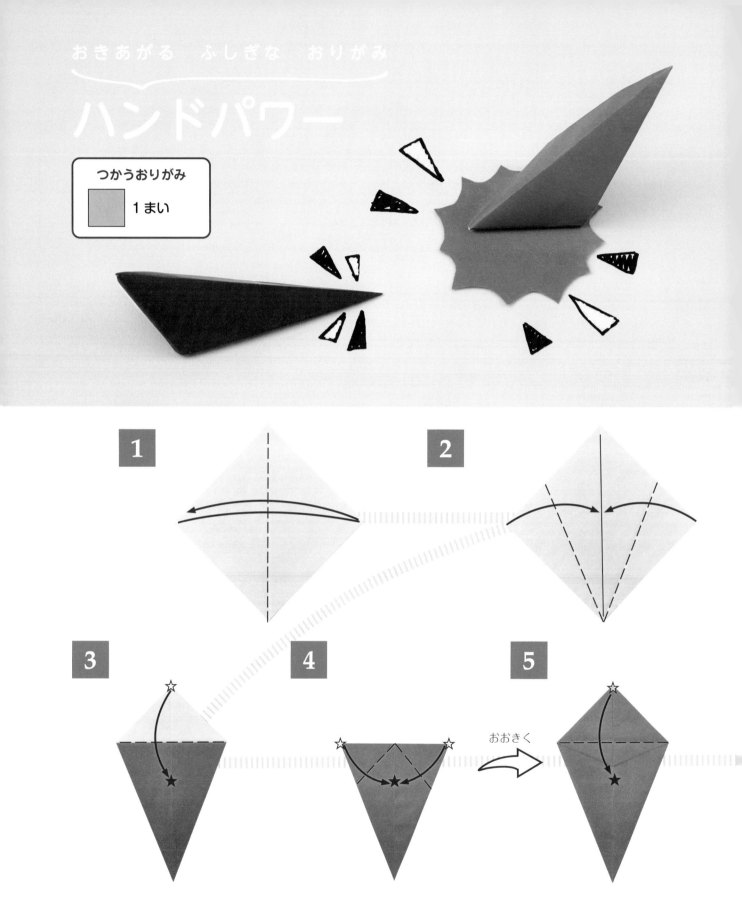

ハンドパワー

つかうおりがみ
1まい

1

2

3

4　おおきく　**5**

20

あ そ び か た

ぎゅっと押さえて手を離すと、あら不思議！
作品が起き上がります。

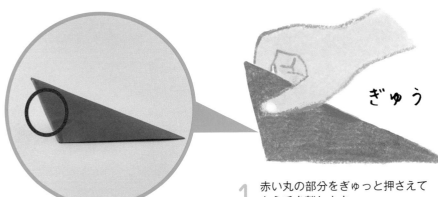

1 赤い丸の部分をぎゅっと押さえて
から手を離します。

ぎゅう

ポイント

強く長く押さえると、起き
上がるまでの時間が長くな
ります。逆に、弱く短く押
さえると、すぐに起き上が
ります。押さえる力を変え
て、ちょうどよい時間を探
してみてください。

2 作品に手をかざし、「ハンドパワー！」などと
言いながら少し待ちます。

3 押さえたことで縮まっていた紙の部分が徐々に広がって、作品が
勝手に起き上がります。

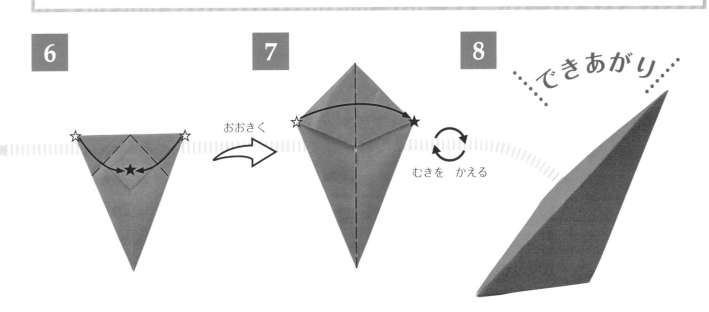

6

7 おおきく

8 できあがり

むきを　かえる

とばして　あそぼう
へそひこうき

つかうおりがみ
3ぶんの 2まい

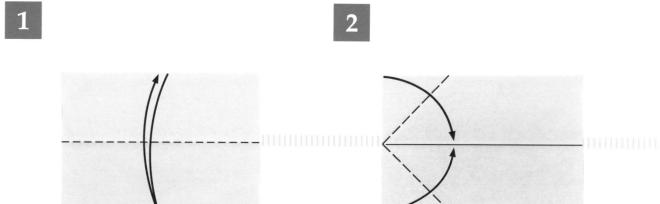

1

2

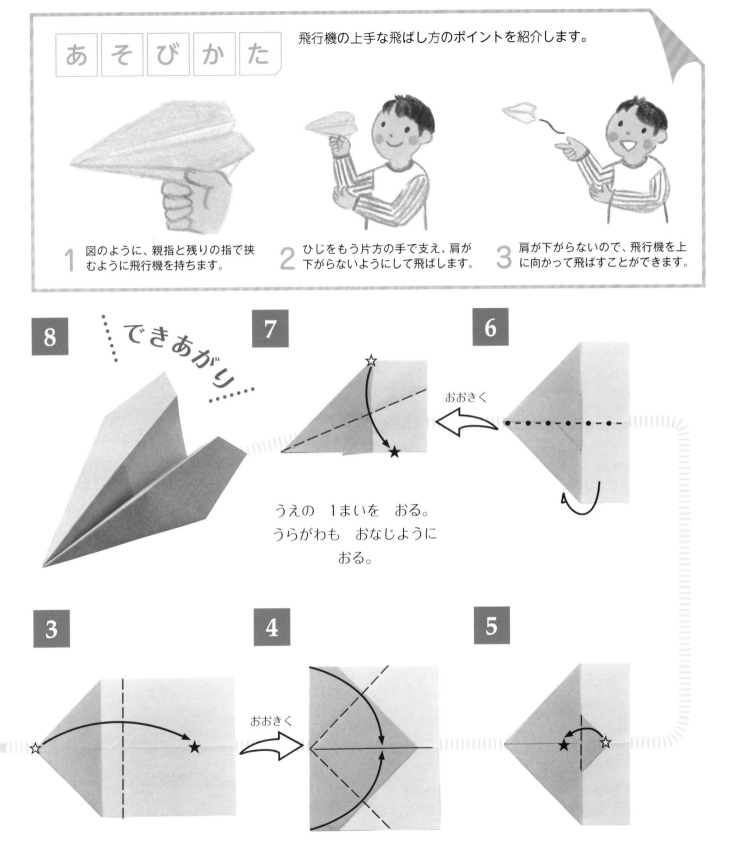

あそびかた

飛行機の上手な飛ばし方のポイントを紹介します。

1 図のように、親指と残りの指で挟むように飛行機を持ちます。

2 ひじをもう片方の手で支え、肩が下がらないようにして飛ばします。

3 肩が下がらないので、飛行機を上に向かって飛ばすことができます。

8 できあがり

7

うえの 1まいを おる。
うらがわも おなじように
おる。

6 おおきく

3

4 おおきく

5

ポテトセット

つかうどうぐ

はさみ

つかうおりがみ

ジュース
1 まい

ストロー
5 ぶんの
1 まい

パック
1 まい

ポテト
4 とうぶんを
8 まい

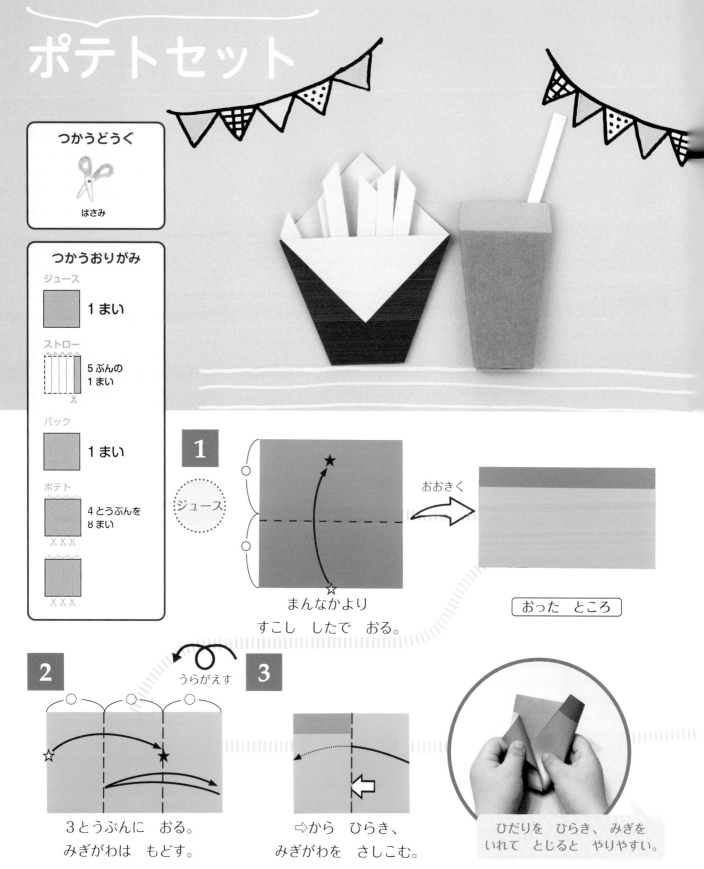

1

ジュース

まんなかより
すこし　したで　おる。

おおきく

おった　ところ

2

うらがえす

3 とうぶんに　おる。
みぎがわは　もどす。

3

⇨から　ひらき、
みぎがわを　さしこむ。

ひだりを　ひらき、みぎを
いれて　とじると　やりやすい。

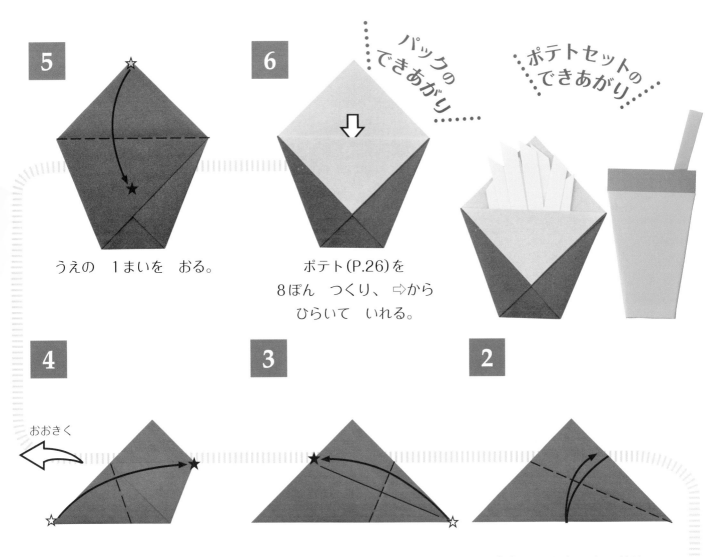

5

うえの 1まいを おる。

6

パックの
できあがり

ポテト(P.26)を
8ぽん つくり、⇨から
ひらいて いれる。

ポテトセットの
できあがり

4

おおきく

3

2

うえの 1まいを おり、
おりすじを つける。

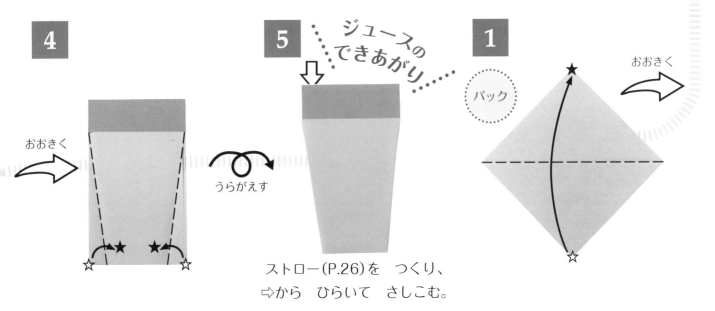

4

おおきく

うらがえす

5

ジュースの
できあがり

ストロー(P.26)を つくり、
⇨から ひらいて さしこむ。

パック

1

おおきく

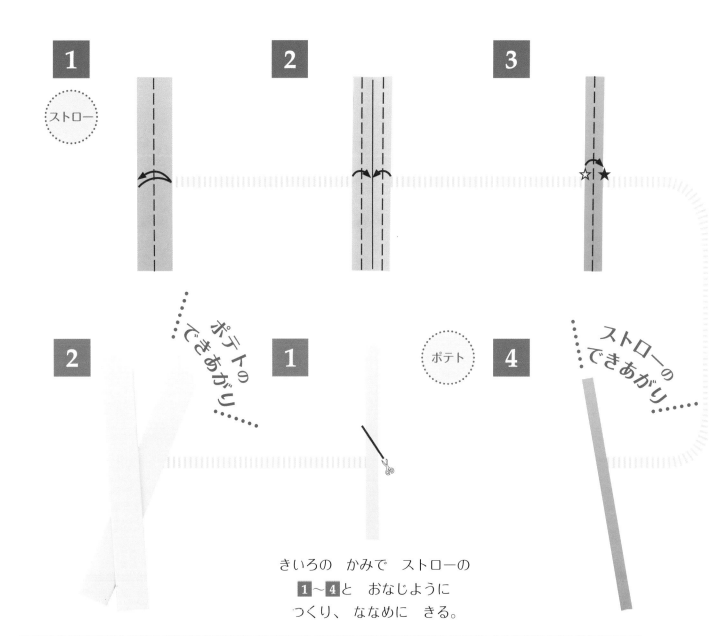

1 ストロー

2

3

☆ ★

2

ポテトの
できあがり

1

ポテト

4

ストローの
できあがり

きいろの　かみで　ストローの
1〜**4**と　おなじように
つくり、　ななめに　きる。

あ そ び か た

メニュー表を作って、子どもとお店屋さんごっこを楽しみましょう。

縦横17cm以上の面がある空き箱を用意して、画用紙を貼ります。

ジュースとポテトを作り、画用紙を貼った面にのりで貼ります。

作品の近くに値段を書き込めば、メニュー表ができます。

おすし

おすしやさんごっこを しよう

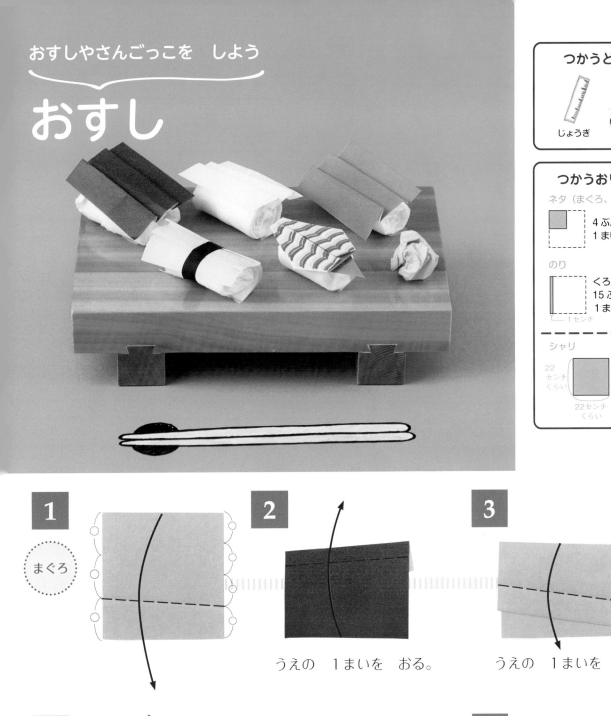

つかうどうぐ

じょうぎ　りょうめん
テープ

つかうおりがみ

ネタ（まぐろ、えび）

	4ぶんの 1まい

のり

	くろ 15ぶんの 1まい

1センチ

シャリ

22センチ
くらい

	クッキング ペーパー 1まい

22センチ
くらい

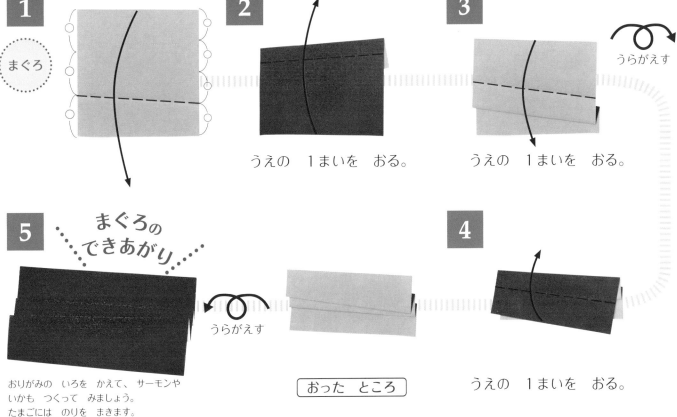

1　まぐろ

2　うえの 1まいを おる。

3　うらがえす　うえの 1まいを おる。

5　まぐろの できあがり

おりがみの いろを かえて、サーモンや
いかも つくって みましょう。
たまごには のりを まきます。

うらがえす　おった ところ

4　うえの 1まいを おる。

27

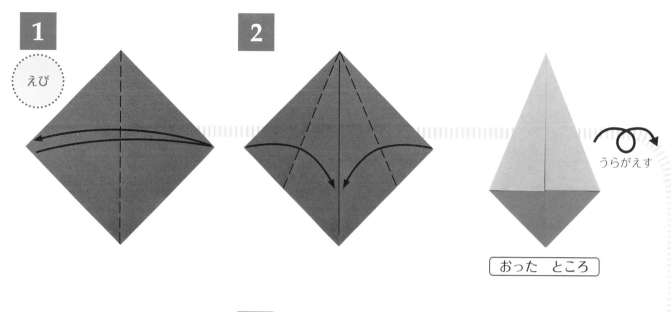

1

えび

2

うらがえす

おった　ところ

3

4

うえの　かどを
おり、したの
かどを　だんおりする。

うらがえす

おった　ところ

5

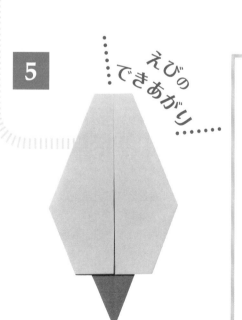

えびの
できあがり

あ　そ　び　か　た

おすしやさんごっこをしてみま
しょう。シャリとネタをたくさ
ん作り、それぞれ容器に分けて
机に置きます。
お客さんの注文通りのネタを選
んで作れるか、挑戦してみまし
ょう。

えびで！　はーい!!

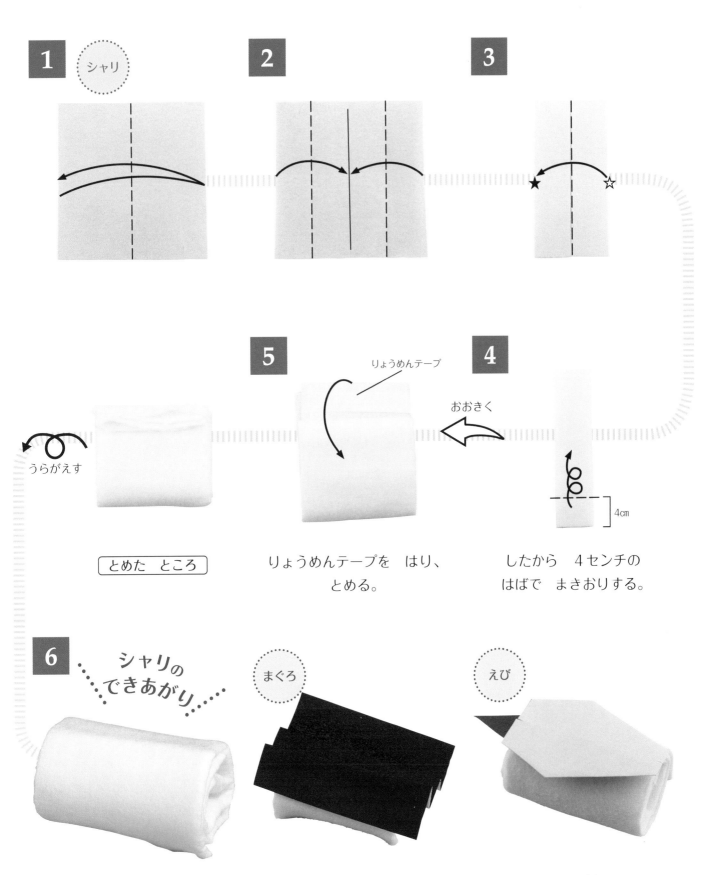

1 シャリ

2

3

5

りょうめんテープ

うらがえす

とめた ところ

りょうめんテープを はり、
とめる。

4

おおきく

4cm

したから 4センチの
はばで まきおりする。

6 シャリの
できあがり

まぐろ

えび

シャリの うえに、まぐろや えびを
りょうめんテープで はりつける。

クリスマスに　サンタさんが　やってきた！

ろうそく ➡ ケーキ ➡ サンタ

おはなし ＋ へんしん

1 きょうは　クリスマス。
ろうそくに　ひを　つけ
おいわいしよう。

⬇

2 わぁ！
クリスマスケーキだ！
サンタさんの　ぶんも
とっておこう。

⬇

3 あ！　サンタさんだ。
ふぉっふぉっふぉっ
リ─＋を　ありがとう！

つかうおりがみ

🟦 1まい

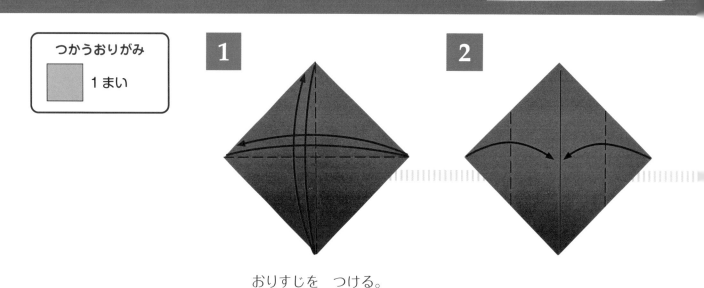

おりすじを　つける。

※ろうそく→ケーキ→サンタと変化させ、完成したタイミングで子どもたちとお話を作ってあそんでみましょう。

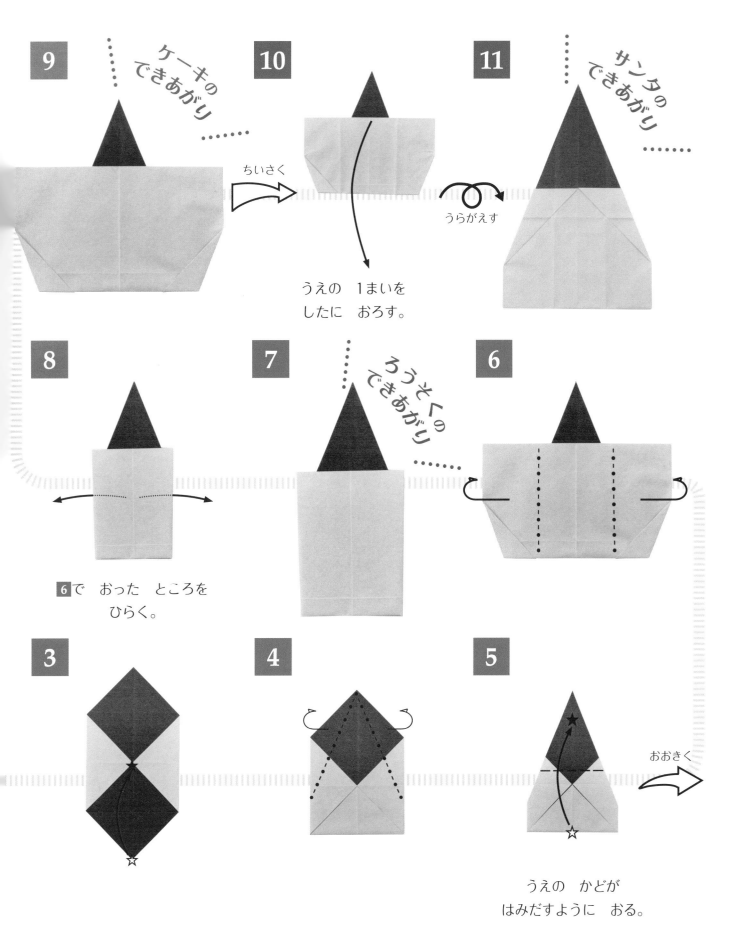

9 ケーキの できあがり ……

10

ちいさく

うえの 1まいを
したに おろす。

11 サンタの できあがり ……

うらがえす

8

6で おった ところを
ひらく。

7 ろうそくの できあがり ……

6

3

4

5

おおきく

うえの かどが
はみだすように おる。

やま ➡ おに

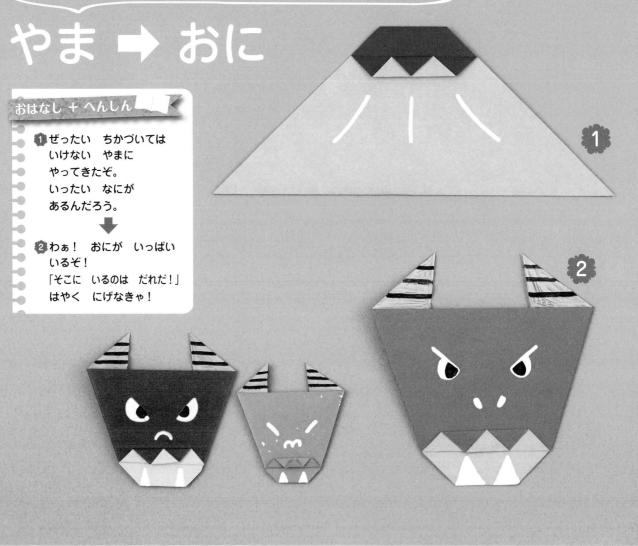

おはなし ＋ へんしん

❶ ぜったい　ちかづいては
いけない　やまに
やってきたぞ。
いったい　なにが
あるんだろう。

⬇

❷ わぁ！　おにが　いっぱい
いるぞ！
「そこに　いるのは　だれだ！」
はやく　にげなきゃ！

つかうおりがみ

1まい

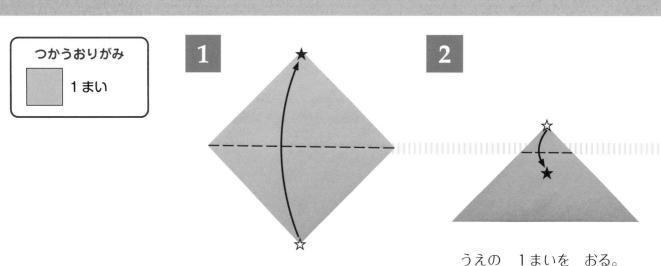

1

2

うえの　1まいを　おる。

※山→鬼と変化させ、完成したタイミングで子どもたちとお話を作ってあそんでみましょう。

アレンジ

鬼の顔に絵を描いて変身させてみましょう。ツノは耳や飾りにもできます。

きゅうけつき

よるに ちを すいに くる
かいぶつだよ。
とがった きばが こわいね。

ヒーロー

かめんを つけた
ヒーローだよ。
わるものを やっつけるぞ。

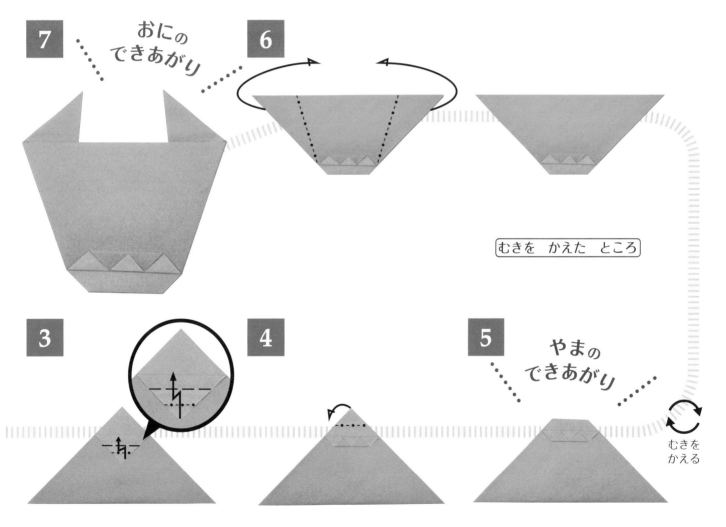

7 おにの
できあがり

6

むきを かえた ところ

3

だんおりする。

4

5 やまの
できあがり

むきを
かえる

ひろい うみへ しゅっぱつだ！

ぼうし ➡ ふね ➡ ふく

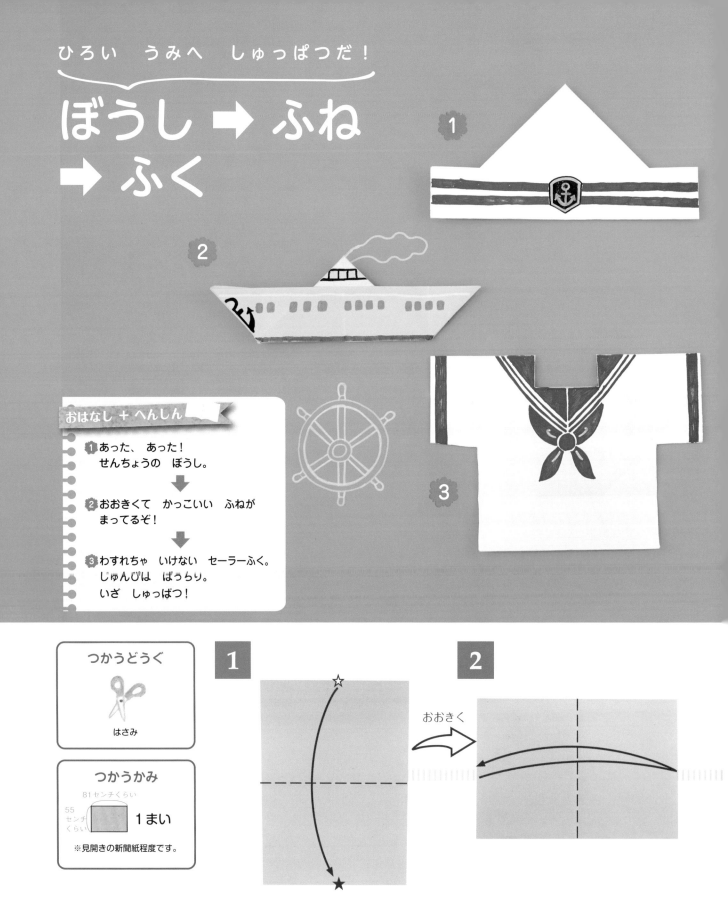

おはなし ＋ へんしん

1. あった、 あった！
   せんちょうの ぼうし。

   ⬇

2. おおきくて かっこいい ふねが
   まってるぞ！

   ⬇

3. わすれちゃ いけない セーラーふく。
   じゅんびは ばっちり。
   いざ しゅっぱつ！

つかうどうぐ

はさみ

つかうかみ

81センチくらい
55センチくらい　**1まい**

※見開きの新聞紙程度です。

1

2

おおきく

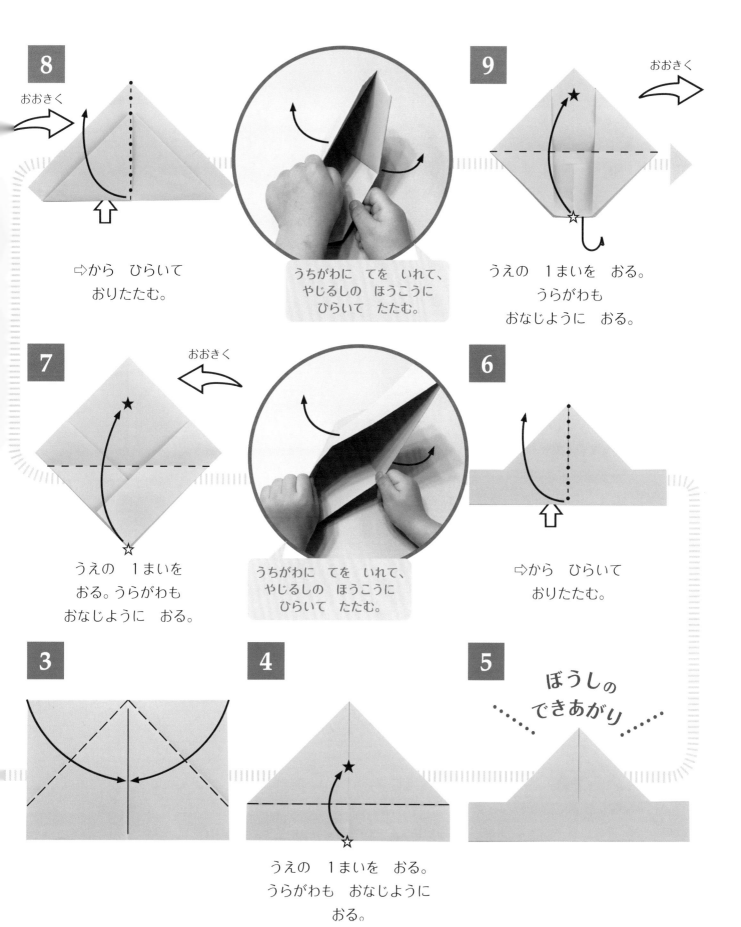

8

おおきく →

⇨から ひらいて
おりたたむ。

うちがわに てを いれて、
やじるしの ほうこうに
ひらいて たたむ。

9

おおきく →

うえの 1まいを おる。
うらがわも
おなじように おる。

7

おおきく ←

うえの 1まいを
おる。うらがわも
おなじように おる。

うちがわに てを いれて、
やじるしの ほうこうに
ひらいて たたむ。

6

⇨から ひらいて
おりたたむ。

3

4

うえの 1まいを おる。
うらがわも おなじように
おる。

5

ぼうしの
できあがり

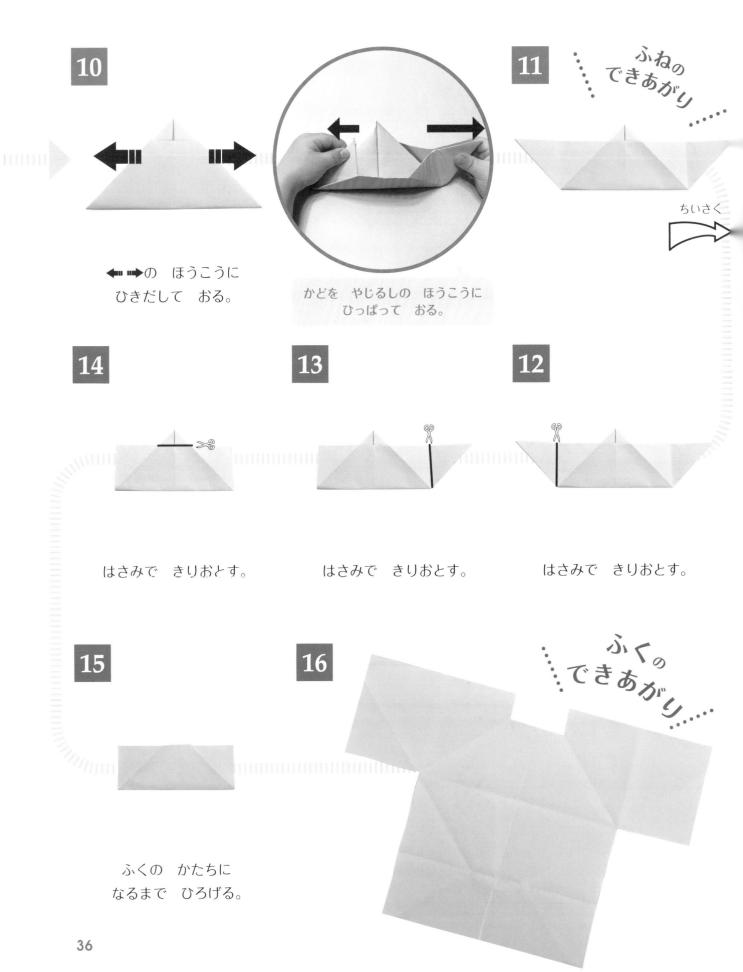

10

■←■ ■■→の ほうこうに
ひきだして おる。

かどを やじるしの ほうこうに
ひっぱって おる。

11

ふねの
できあがり

ちいさく

14

はさみで きりおとす。

13

はさみで きりおとす。

12

はさみで きりおとす。

15

ふくの かたちに
なるまで ひろげる。

16

ふくの
できあがり

2章

いっしょにおりがみ

中割り折りをするところや、折りたたんだり差し込んだりするところなど、
慣れない子どもには難しい部分もあります。
2章は難易度別に、「かんたん」「ふつう」「むずかしい」の3つのレベルに分けました。
適宜、保育者が子どもをサポートしながら一緒に折りましょう。

| かんたん | ふつう | むずかしい |

おすもうさん ⭐⭐

とんとん ずもうで あそぼう

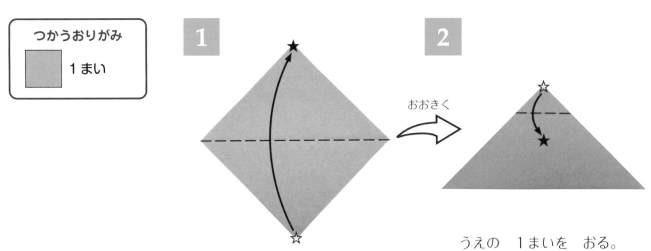

つかうおりがみ
1まい

1

2

おおきく

うえの 1まいを おる。

ア レ ン ジ

顔や服の模様を描けば、拳法家や柔道家などに変身させることができます。
「とんとんずもう」（P.11）のように、土俵にのせてあそびましょう。

けんぽうか

カンフーの
つかいて　だよ！
やわらかい
みのこなしで
あいてを　たおすよ。

じゅうどうか

おびを　ぎゅっと
しめて　あいてを
えいやっと
なげとばすよ。

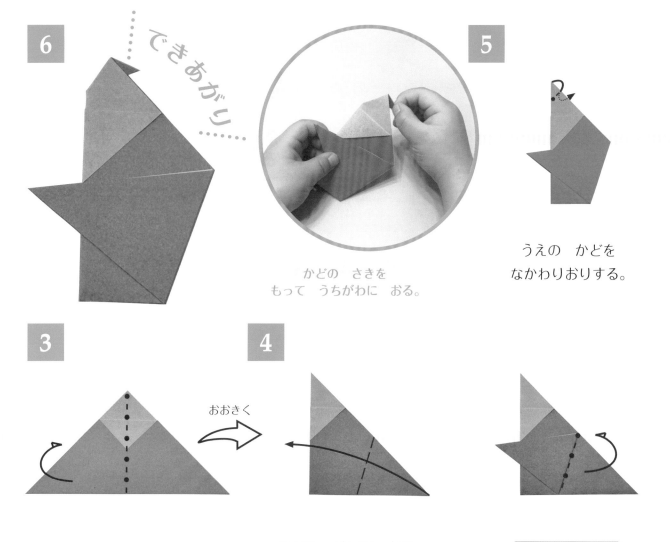

6

できあがり

5

うえの　かどを
なかわりおりする。

かどの　さきを
もって　うちがわに　おる。

3

4

おおきく

かどを　だして　おる。

おった　ところ

つばさが　ぱたぱた　うごく

はばたくとり☆☆

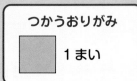

つかうおりがみ

1まい

1

おりすじを　つける。

うらがえす

2

おりすじを　つける。

3

おおきく

☆が　★に　あうように
おりたたむ。

あそびかた

青丸の部分を持ち、しっぽを矢印のように引っ張ったり戻したりして動かしましょう。つばさを一度根元までぎゅっと開いて、くせをつけてからあそぶとやりやすいです。

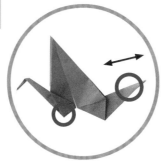

しっぽを引っ張ると、左右のつばさが両側に倒れ、戻すとつばさも元の位置に戻ります。

とりが
はばたいたよ!

パタ
パタ

9

なかわりおりする。

あおの せんより たかく
しっぽを おると、
はばたきにくいので ちゅうい。

10

できあがり

8

なかわりおりする。

7

うえの 1まいを おる。
うらがわも
おなじように おる。

6

うらがわも
おなじように おる。

おりたたんでいる ところ。

4

おりすじを つける。

ちいさく

5

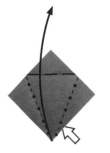

⇨から ひらき、
うえの 1まいを
おりたたむ。

41

うなずくいぬ

原案：ポール・ジャクソン

つかうおりがみ
1まい

1

2

うえの　1まいを　おる。
うらがわも　おなじように　おる。

3

おりすじを　つける。
おもてを　うえに　して
すべて　ひらく。

4

1〜3までに　つけた
おりすじを　ずのように
つけなおす。

5

☆と　★が
あうように　おる。

おおきく

あそびかた

赤い丸の部分を片手で持ち、しっぽの青い丸の部分を矢印のように引っ張ったり戻したりして動かしましょう。犬の首が上下に動き、まるでうなずいているように見えます。

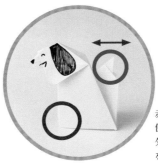

赤い丸の部分は、内側の紙はつかまず、外側の紙2枚だけをつかみます。

10

うちがわの　かみを
なかわりおりする。

　おおきく

11

6 のように
⇨から　ひらいて
だんおりする。

12

・・・・・できあがり・・・・・

9

⑦を　もって
したに　すこし　さげる。

8

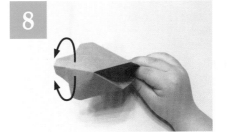

6 で　ひらいた　ところを
たたむ。

7

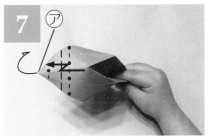

だんおりして　かおを　つくる。
⑦の　かどを　なかへ　おる。

☆と　★を　あわせて　もつと、
この　かたちに　なる。

6

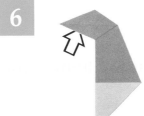

⇨から　ひらく。

ひらいている　ところ。

43

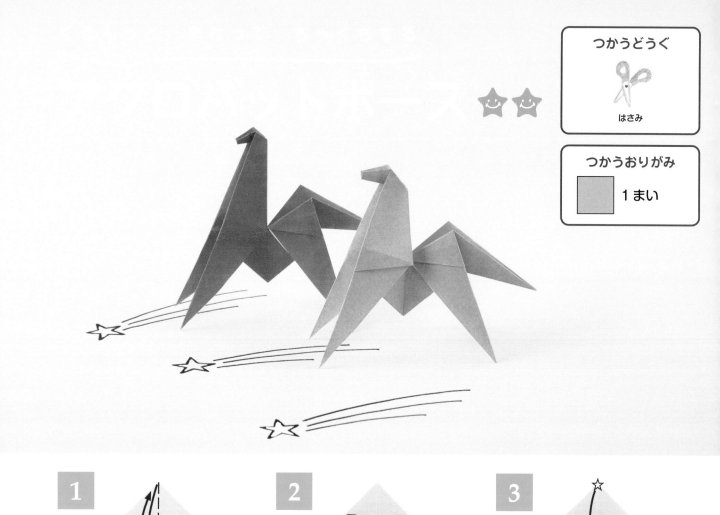

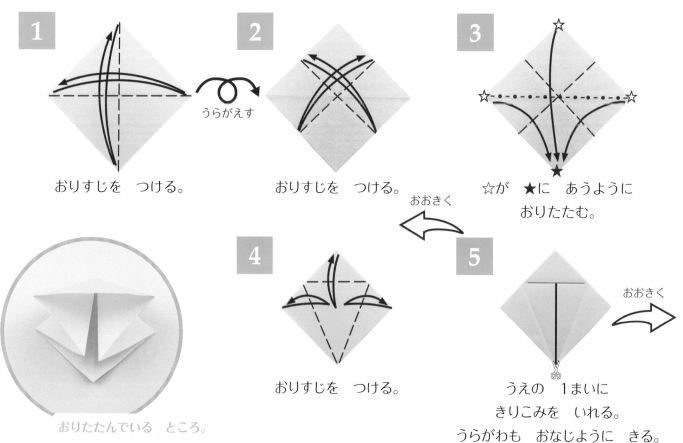

1 おりすじを　つける。

うらがえす

2 おりすじを　つける。

おおきく

3 ☆が　★に　あうように　おりたたむ。

おりたたんでいる　ところ。

おおきく

4 おりすじを　つける。

5 うえの　1まいに　きりこみを　いれる。うらがわも　おなじように　きる。

11

でき あがり

あしの　さきを　すこし
きると　たたせやすい。

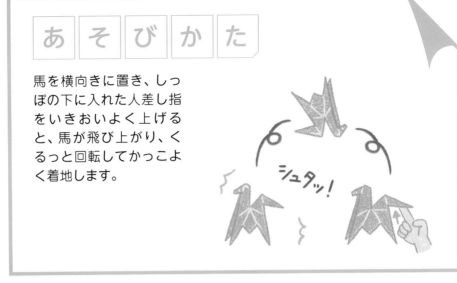

あ　そ　び　か　た

馬を横向きに置き、しっ
ぽの下に入れた人差し指
をいきおいよく上げる
と、馬が飛び上がり、く
るっと回転してかっこよ
く着地します。

シュタッ！

10

㋐を　ひらいて　たたせる。

9

なかわりおりする。

8

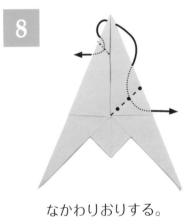

なかわりおりする。

むきを
かえる

6

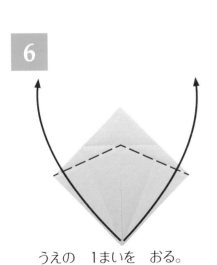

うえの　1まいを　おる。
うらがわも　おなじように　おる。

7

うえの　1まいを　おる。
うらがわも
おなじように　おる。

おった　ところ

きんぎょ ★★★

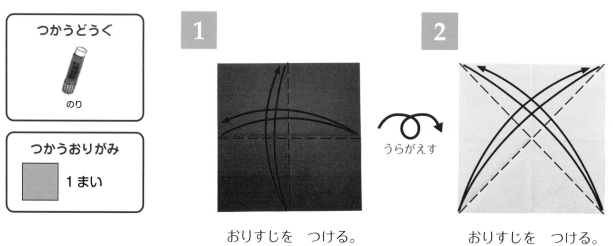

つかうどうぐ

のり

つかうおりがみ

1まい

1

おりすじを　つける。

うらがえす

2

おりすじを　つける。

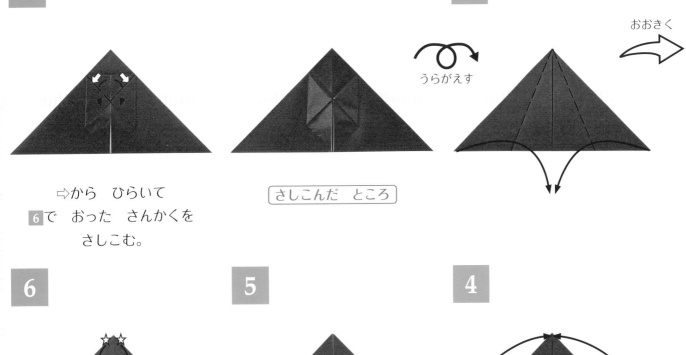

7

⇨から ひらいて
6で おった さんかくを
さしこむ。

8

うらがえす

おおきく

さしこんだ ところ

6

うえの 1まいを おる。

5

うえの 1まいを おる。

4

うえの 1まいを おる。

3

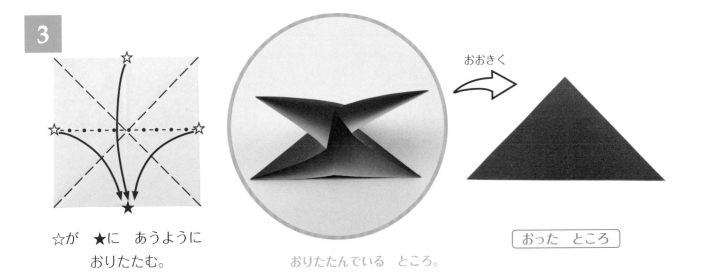

☆が ★に あうように
おりたたむ。

おりたたんでいる ところ。

おおきく

おった ところ

47

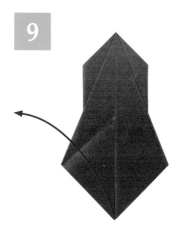

9

10

のりを ぬって、うえの
1まいを たてる。

11

むきを かえる

うえの 1まいを めくり、
⇨から ゆびを いれ、
ふくらませる。
うらがわも おなじ。

できあがり

12

ずのように ゆびを いれ、
なかを ひろげる。

あ そ び か た

魚釣りセットを作って、子どもと一緒に魚釣りあそびを
しましょう。

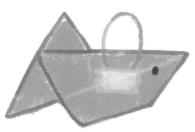

1 輪ゴムをテープで金魚に貼ります。

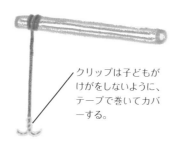

クリップは子どもが
けがをしないように、
テープで巻いてカバ
ーする。

2 クリップを紐でストローにつなぎ
ます。

3 2で1の金魚を釣ってあそびまし
ょう。

みずのみどり ☆☆☆

みずを のんでいるみたいに くびが うごく

つかうおりがみ
□ 1まい

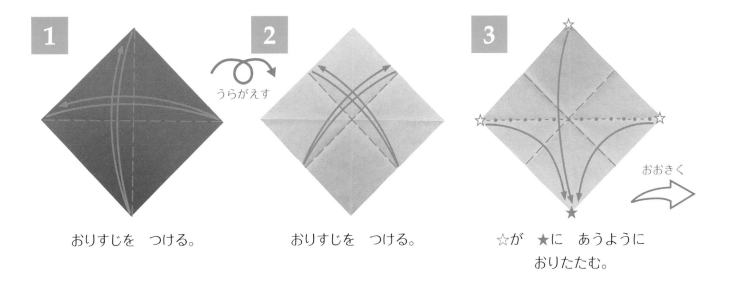

1 おりすじを つける。

うらがえす

2 おりすじを つける。

3 ☆が ★に あうように おりたたむ。

おおきく

49

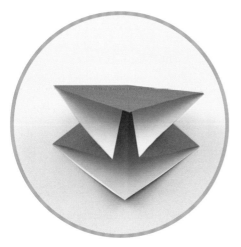

おりたたんでいる ところ。

4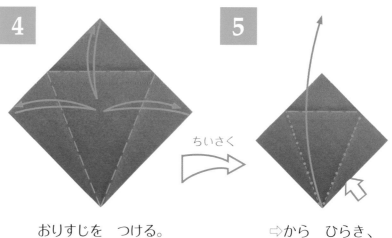

おりすじを つける。

ちいさく

5

⇨から ひらき、
うえの 1まいを
おりたたむ。

8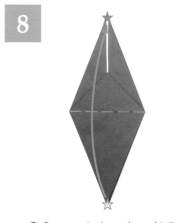

うえの 1まいを おる。

7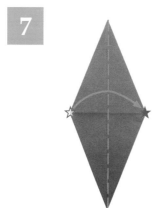

うえの 1まいを おる。
うらがわも おなじように おる。

6

うらがわも
おなじように おる。

9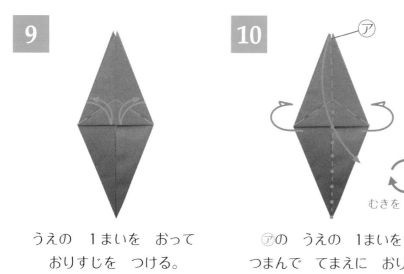

うえの 1まいを おって
おりすじを つける。

10

⑦

むきを かえる

⑦の うえの 1まいを
つまんで てまえに おり、
はんぶんに おる。

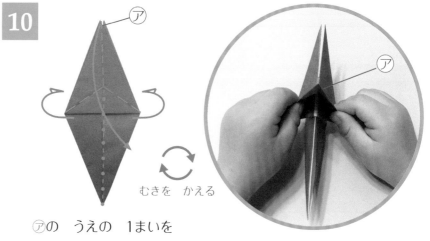

⑦

⑦の かどを うえに おこす。

あそびかた

図のように、赤い矢印の部分の手前に親指、裏側に人差し指を入れます。つままずにそのまま⑦の紙を持ち上げるように指を動かすと鳥の首が前に倒れて、水場から水を飲むような動きをします。

子どもが1人で行うのが難しい場合は、持つ方を大人がやり、子どもは首を動かす動作だけを行ってもよいでしょう。

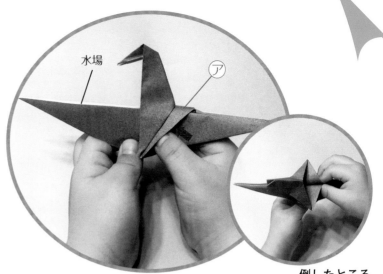

水場 ⑦

倒したところ

折ったばかりだと動かしづらいことがあります。動かない場合は少し力を強めてみましょう。

鳥の後ろ側から見た図です。水場から外れないように真っすぐ指を上げましょう。

とりさんがみずをのんでる！

動かすときは、親指と人差し指を上下させるだけです。紙をつままないように注意しましょう。

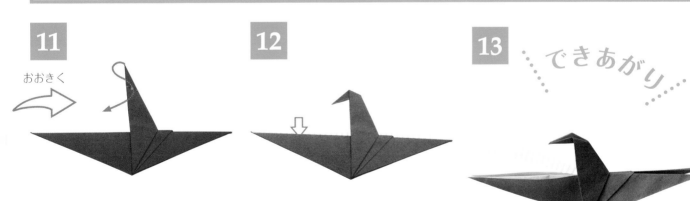

11
おおきく
なかわりおりする。

12
⇨から　ひらいて
すこし　ふくらませる。

13　できあがり

くちばしが ひらいたり とじたりする
おしゃべりカラス ⭐⭐⭐

つかうおりがみ
◻ 1まい

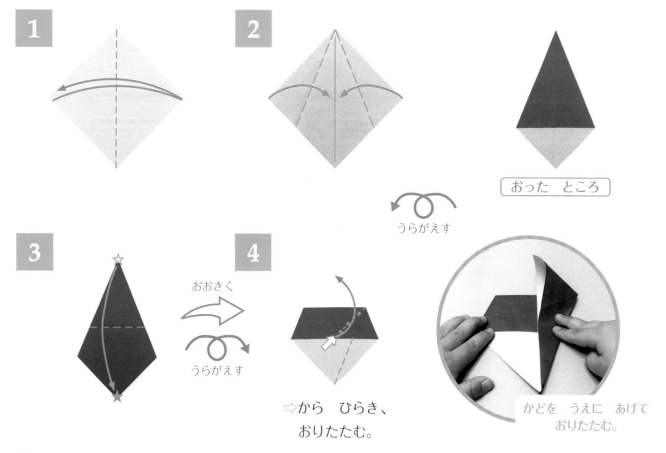

1

2

おった ところ

うらがえす

3

おおきく

うらがえす

4

⇨から ひらき、
おりたたむ。

かどを うえに あげて
おりたたむ。

9

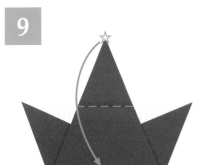

うえの 1まいを おる。

10

おりすじを つける。

11

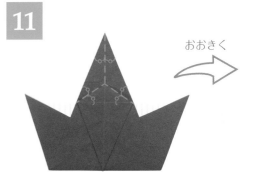

おおきく

おりすじを つける。

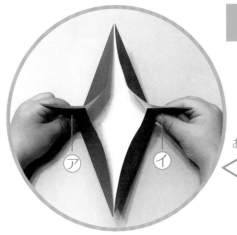

㋐を ひだりに ㋑を みぎに
ひっぱりつつ おる。

8

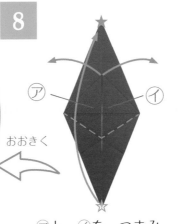

おおきく

㋐と ㋑を つまみ、
☆が ★に
あうように おる。

7

おりすじを つける。

5

ひだりがわも
おなじように
ひらいて おりたたむ。

6

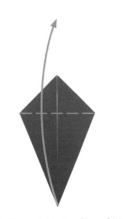

おおきく

うえの 1まいを おる。

うらがえす

おった ところ

ⓌとⓍを そとがわから
つまんで かたちを つくる。

おおきく

12

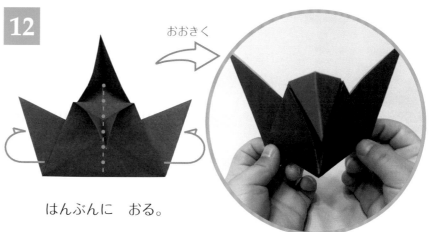

はんぶんに おる。

ずのように かどを もって
はんぶんに おる。

14

····できあがり····

13

うえの 1まいを おる。
うらがわも おなじように おる。

あ そ び か た

左右のつばさを動かすと、からすの口
が上下に動きます。

いろいろな色でからすを作って顔を描
き、それぞれに役割を振って、役にな
りきってしゃべってみるのも楽しいで
すよ。

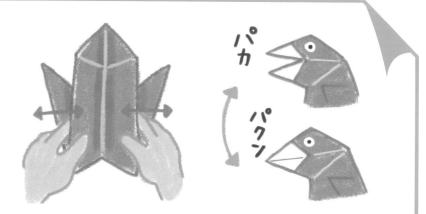

パカ

パクン

両手で図のように持ち、左右に動かすと、からすのくちばしが開いたり閉じた
りします。「かぁかぁ、こんにちは」などと言いながら、子どもたちとおしゃべ
りを楽しみましょう。

おしりを おさえると ジャンプする

ぴょんぴょんかえる

☆ ☆ ☆

つかうおりがみ
1 まい

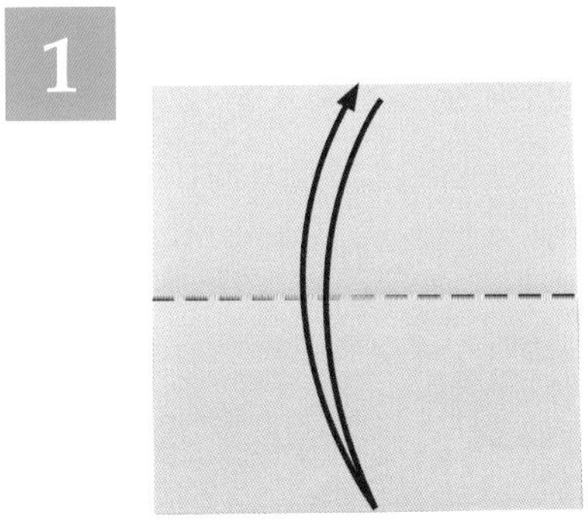

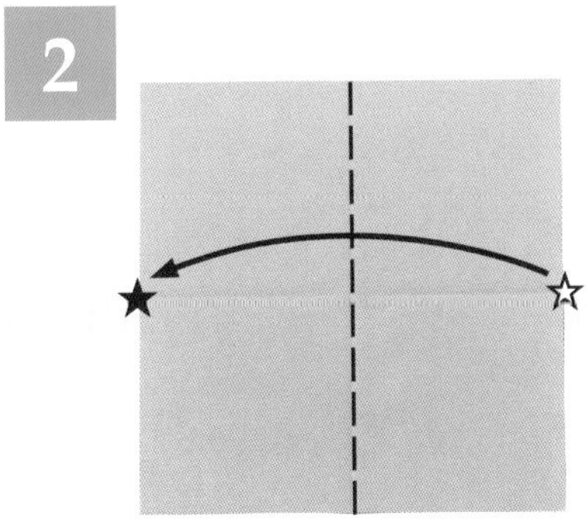

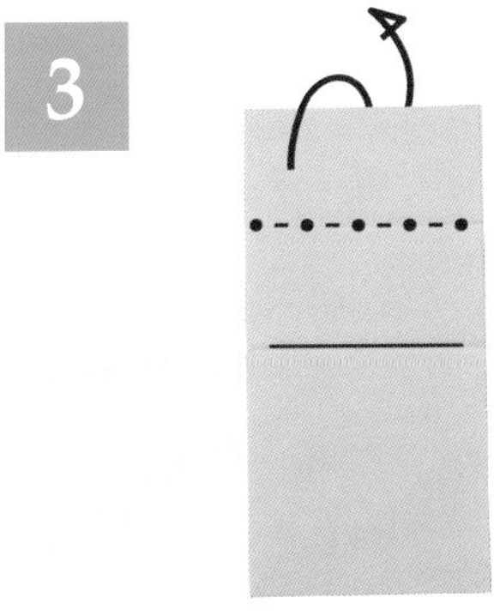

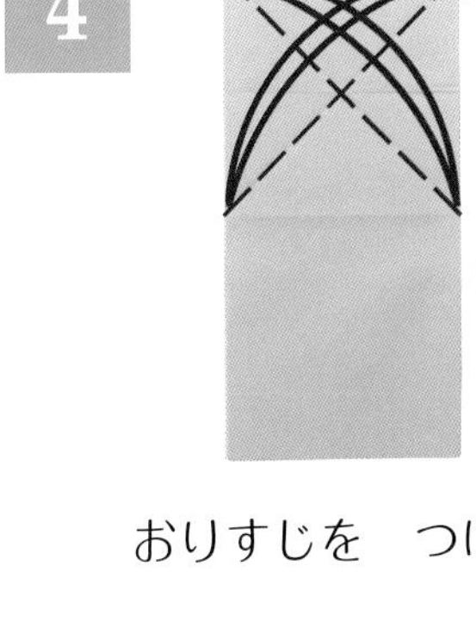

1

2

3

4

おりすじを つける。

5

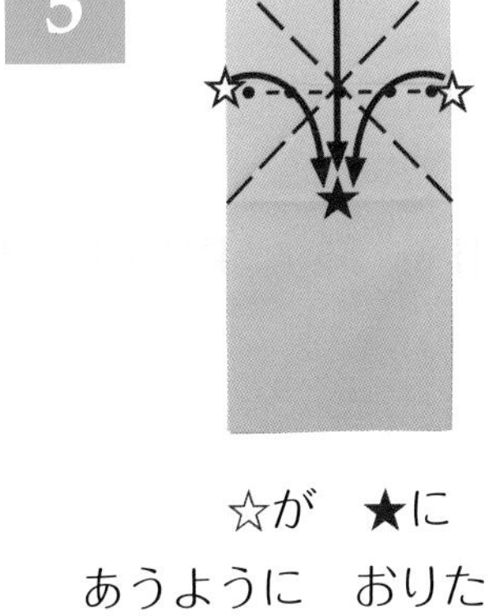

☆が ★に
あうように おりたたむ。

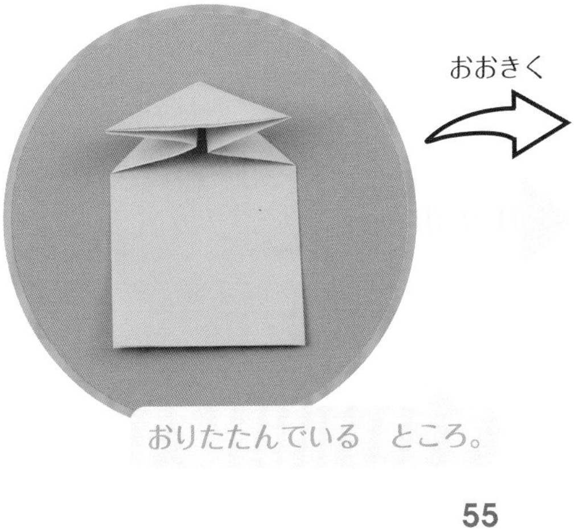

おおきく

おりたたんでいる ところ。

55

6

7

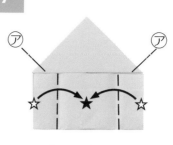

⑦の　かどを
もちあげ、　まんなかに
むけて　おる。

⑦の　かどを　もって
うちがわに　おる。

10

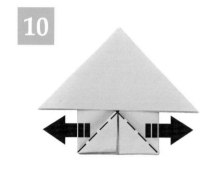

➡の　ほうこうに
だして　おりたたむ。

9

8

おおきく

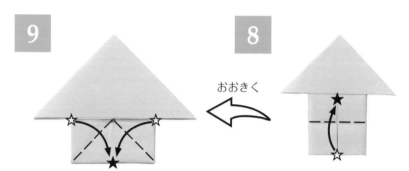

ちいさく

ふくろを　そとに　だす。

11

12

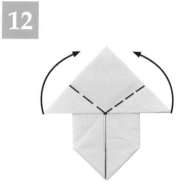

あそびかた

かえるがぴょんと跳びます。どこまで跳ばせるかあそんでみましょう。

とんだ!!

イエイ!

ぴょん

ぎゅう

ぎゅっっっ

1 図のように、お尻の部分を人差し指でぎゅっと押して、そのままお尻側にずらし、指を離します。

2 反動でかえるが跳びます。押す力を変えると跳ぶ距離や高さも変わるので、いろいろな力加減を試してみてください。狙ったところにかえるを跳ばせるか、子どもたちと挑戦してみましょう。

16

・・・できあがり・・・

うらがえす

おった ところ

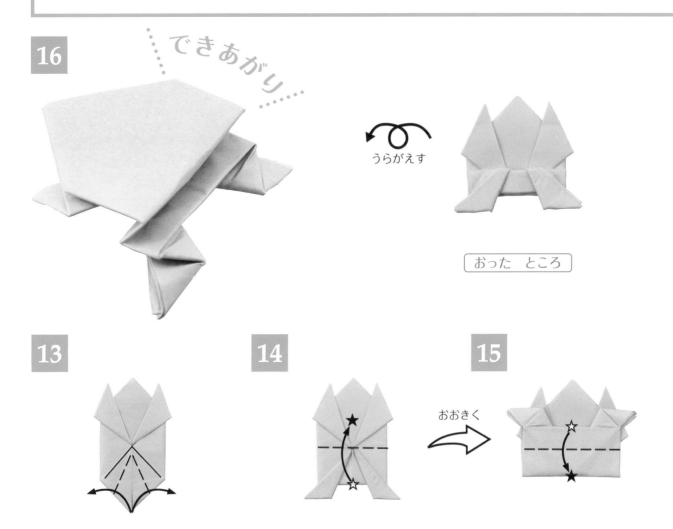

13

14

おおきく

15

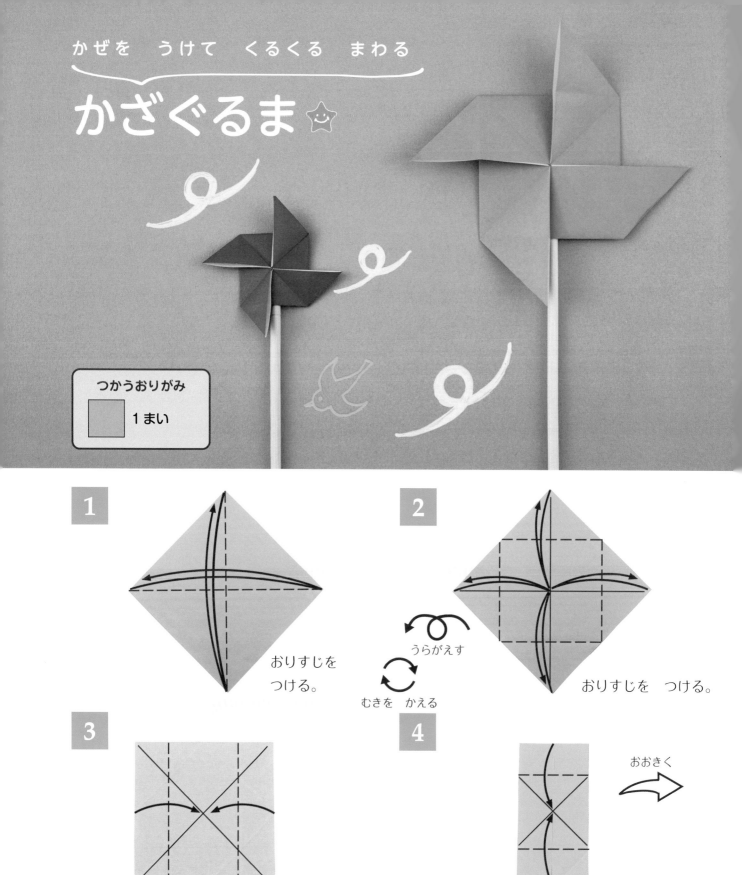

かざぐるま

かぜを うけて くるくる まわる

つかうおりがみ

□ 1まい

1

おりすじを
つける。

2

うらがえす

むきを かえる

おりすじを つける。

3

4

おおきく

58

息を吹きかけたらくるくる回る風車を作りましょう。

ストロー

くるくる

1 図のように、赤い部分にのりをつけて羽を固定します。他の羽も同じようにします。

2 風車の後ろの中心にはさみで1cm程度の切り込みを入れます。

3 切り込みにストローを差し、外れないように先端にテープを巻きます。横に持って矢印の穴に息を吹きかけたり、風にあてたりします。

8

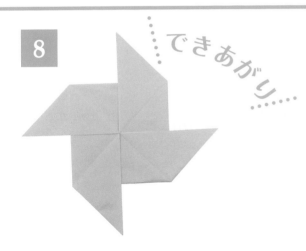

できあがり

7

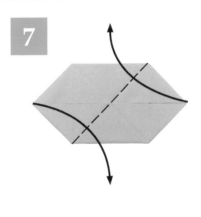

5

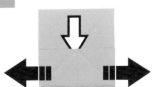

⇨から ひらいて
⬅ ➡の ほうこうに
だして おる。

6

うえも おなじように
おる。

おった ところ

いきを ふきかけると くるくる まわる
ふきごま ⭐⭐

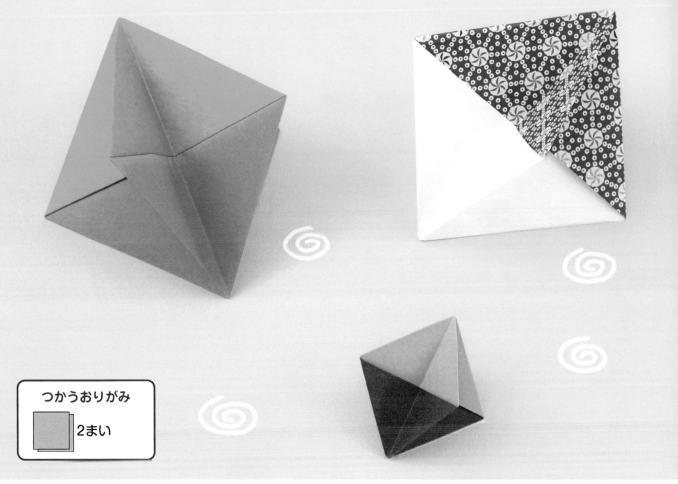

つかうおりがみ
🔲 2まい

おりすじを つける。

あ そ び か た 両手で持った吹きごまに息を吹きかけることで、くるくる回転します。

1 赤丸が示す左右の角を、手のひらでやさしく挟んで持ちます。

2 赤い丸の部分に思いきり息を吹きかけます。

3 強く持つとつぶれたり回らないことがあるので、力を加減し、やさしく持つようにします。

---

7 ‥‥できあがり‥‥

ずのように　かみあわせて
さしこむ。

6

㋐　　　　　　㋑

★ ←‥‥‥‥ ☆

㋑を　㋐に　さしこむ。

㋒の　かどが
むきあうように
むきを　かえる。

4

おおきく →

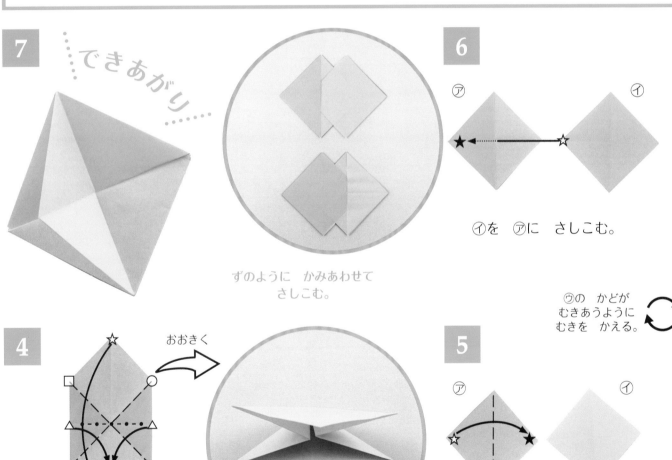

まんなかを　おしこみながら、
　　☆と★　○と●
　　□と■　△と▲が
あうように　おりたたむ。

おりたたんでいる　ところ。

5

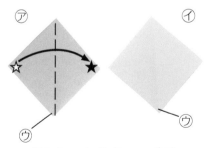

おなじ　ものを　つくる。
㋐の　うえの　1まいを　おる。
うらがわも　おなじように
　　　　おる。

パァーンと おおきな おとが でる
かみでっぽう ☆☆

つかうかみ

29.7センチ
21センチ **1まい**

※A4のコピー用紙程度です。

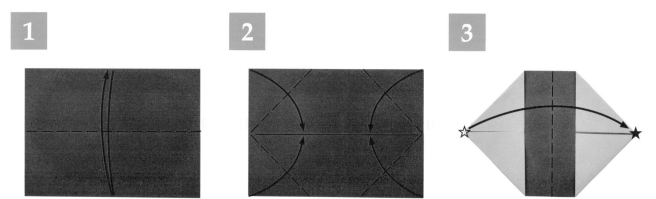

1

2

3

あ そ び か た

勢いよく振ると、音が鳴ります。
新聞紙など、柔らかい紙で作るとよ
り大きな音が出ます。

鳴らし終わると、ひだの部分
が広がりますが、元の形に戻
せば何度でもあそべます。

パァーン！

赤い丸の部分を後
ろからつかむよう
に持ちます。

手首の先だけを振りながら、腕
全体も下ろします。

8

できあがり

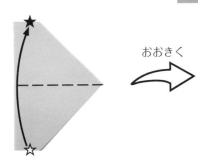

7

おおきく

うえの　1まいを　おる。
うらがわも
おなじように　おる。

6

うらがわも
おなじように　おる。

4

おおきく

5

⇨から　ひらき、
おりたたむ。

ずのように　したを
おさえながら　ふくろの
ところを　おしつぶす。

とばして あそぼう ⭐⭐
しゅりけん

つかうおりがみ

はんぶんに
きった おりがみ
2まい

1

はんぶんに きった
おりがみを おく。

2

3

おおきく ⬅

4

5

ちいさく ➡

おおきく ➡

ピンクだけ
うらがえす。

みずいろだけ
むきを かえる。

おった ところ

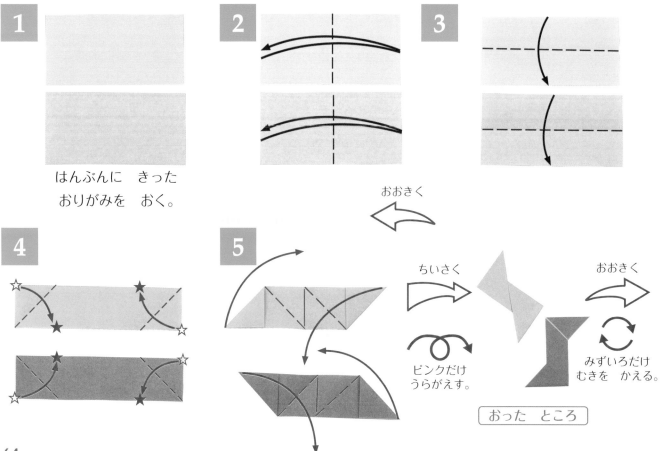

64

手裏剣を投げて的当てゲームをしましょう。

1 ころころ(P.18)を並べて的にします。

2 ころころに向かって手裏剣を投げます。

3 1番得点が大きいものを狙ってみましょう。

8

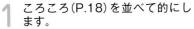

できあがり

7

⇨から　ひらいて
☆が　★に　あうように
さしこむ。

6

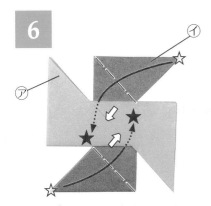

みずいろを　うえに　して
かさねる。　⇨から
ひらいて　☆が　★に
あうように　さしこむ。

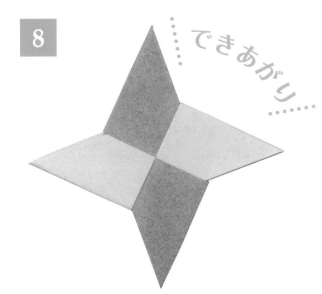

⑦の　かどを　ひらき、
⑦の　かどを　いれて　とじる。

うらがえす

さしこんだ　ところ

おしたくなる ボタン ★★

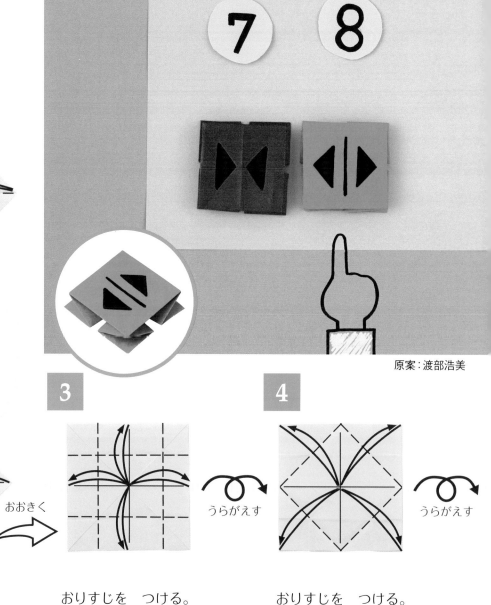

原案：渡部浩美

つかうおりがみ
□ 1まい

1

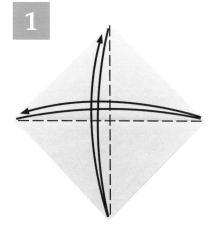

おりすじを　つける。

2

おおきく

3

おりすじを　つける。

うらがえす

4

うらがえす

おりすじを　つける。

 **アレンジ**

エレベーターのボタンや罠が発生するボタン、チャイムなど、子どもたちといろいろなボタンを作ってあそんでみましょう。

おしちゃだめなボタン
あかい おりがみを
きって はりつけたよ。
ぜったいに おしちゃだめ！

わなボタン
おすと わなが
うごきだす!?
とりあつかいに ちゅうい！

8  できあがり

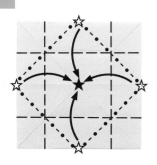

うらがえす

おった ところ

7

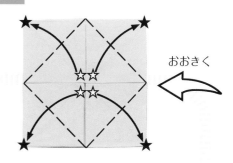

おおきく

うえの 1まいを おる。

5

3〜4で つけた
おりすじを つかい、☆が
★に あうように おりたたむ。

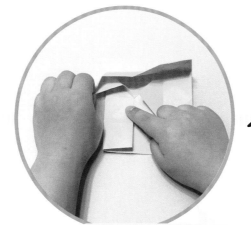

かどを おさえて
ずのように おると、
かたちが つくりやすい。

6

おおきく

★の ぶぶんを おりたたむ。

のびたり　ちぢんだりする
ぼうえんきょう ☆☆

つかうおりがみ

2 まい

つかうどうぐ

のり　じょうぎ

原案：冨田登志江

1

2.5cm

2

3

おおきく

ア

のり

イ

2cm

みぎに　のりを　つけ、
つつに　なるように
まるめる。

あ　そ　び　か　た

３ の工程で折った部分に、内側の筒が引っ掛かって止まる仕組みです。

６ で作った内側の筒から望遠鏡をのぞいてみましょう。内側の筒を持って、外側の筒を前に出したり戻したりしてあそべます。

おー!!

作品にカラーセロファンを輪ゴムでとめれば、のぞいたときに景色が赤や青に色づいて見えます。

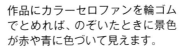

２つ作って真ん中をテープでとめれば、双眼鏡にアレンジすることもできます。

7

できあがり

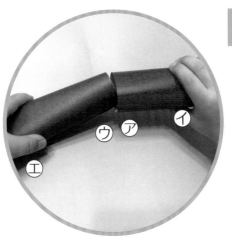

⑦の　なかに　⑦を　さしこむ。

6

⑦

⑤

うちがわの　つつの
できあがり。

---

⑦

⑦

⑦

まるめた　ところ

そとがわの　つつの
できあがり。

4

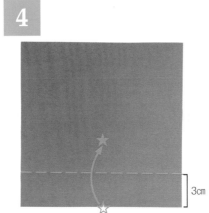

3cm

5

⑤

のり

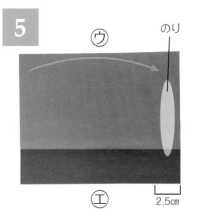

⑦

2.5cm

みぎに　のりを　つけ、
つつに　なるように
まるめる。

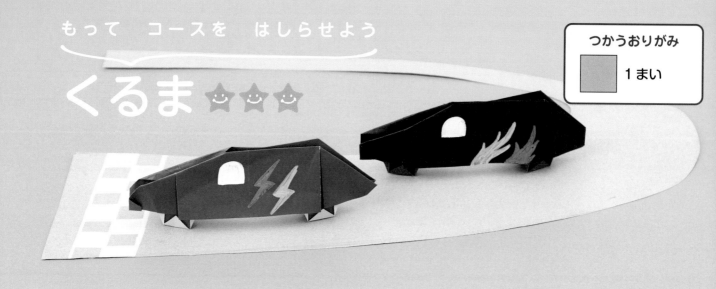

くるま ☆☆☆

つかうおりがみ

⬜ 1まい

アレンジ：冨田登志江

1

おりすじを つける。

2

おりすじを つける。

3

おおきく

むきを かえる

4

おりすじを つける。

5

⇨から ひらいて
おりたたみ、さんかくを
つくる。

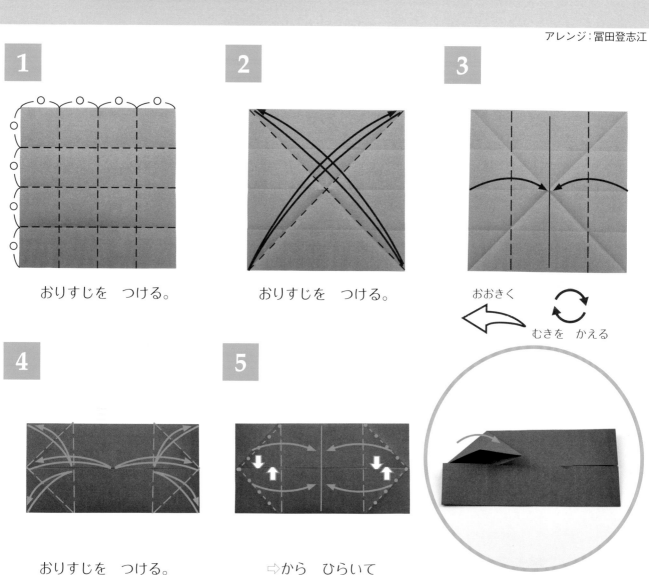

うえの 1まいの かどを
みぎに むかって おる。

10

ひだりがわも 8〜9と
おなじように おる。

11

8〜9と おなじように
うらがわも おる。

12

かどを うちがわに おる。
うらがわも おなじように おる。

9

いちど ずのように ひろげて
おりたたむと やりやすい。

8

⇨から ひらき、
だして おる。

6

おおきく

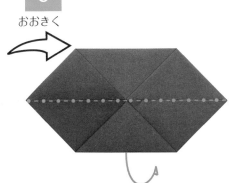

7

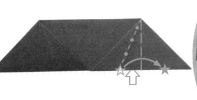

⇨から ひらいて
おりたたむ。ひだりがわと
うらがわも おなじように おる。

ひだりの かどを みぎに
むかって おこして おりたたむ。

13

➡から　ひらき、
まんなかに　むけて　おる。
うらがわも　おなじように
おる。

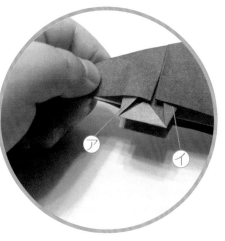

13を　おりおわった　ところ。

14

17

みぎの　かどを
なかわりおりする。

16

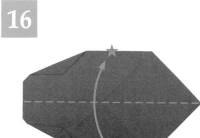

15

うらがわに
まきおりする。

18

⋯⋯でき あが り⋯⋯

あ　そ　び　か　た

大きい画用紙を半分に折
り、図のように切って中
央線を描けば、楕円のコ
ースを作ることができま
す。車を手で持ち、コー
スの上を走らせてみまし
ょう。

パチッと　おとが　なる

ぱちぱちカメラ

⭐⭐⭐

つかうおりがみ
□ 1まい

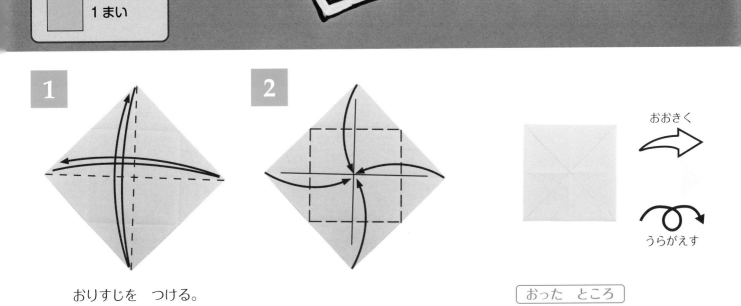

1

おりすじを　つける。

2

おおきく →

うらがえす ↻

おった　ところ

73

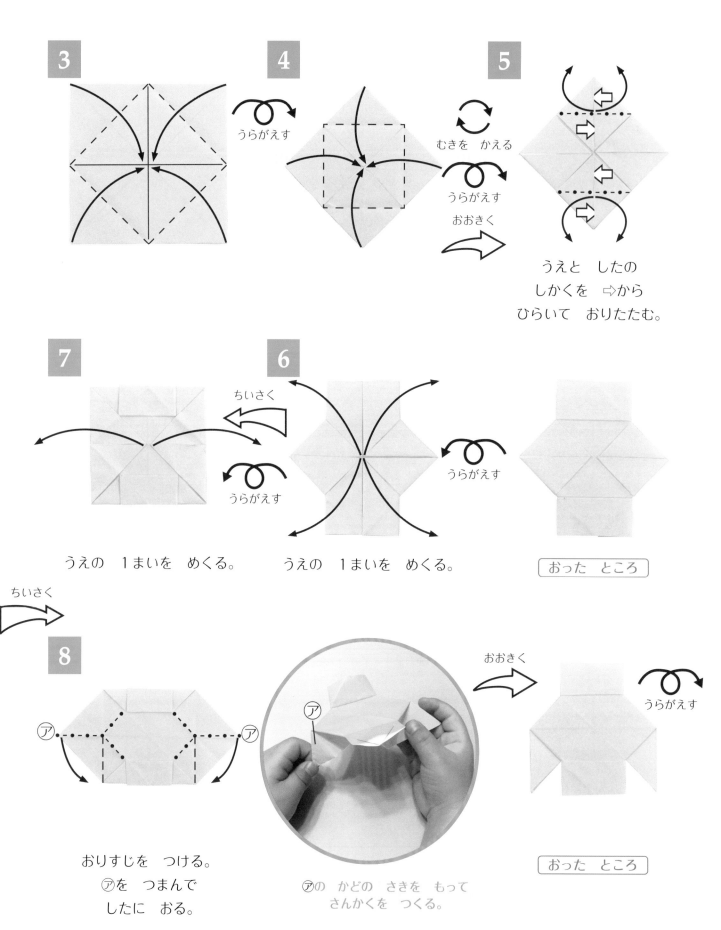

3

うらがえす

4

むきを かえる

うらがえす

おおきく

5

うえと したの
しかくを ⇨から
ひらいて おりたたむ。

7

ちいさく

うらがえす

うえの 1まいを めくる。

6

うらがえす

うえの 1まいを めくる。

おった ところ

ちいさく

8

おりすじを つける。
㋐を つまんで
したに おる。

㋐の かどの さきを もって
さんかくを つくる。

おおきく

うらがえす

おった ところ

あ そ び か た

子どもにとってはスマートフォンのカメラの方が身近かもしれませんが、「カメラらしいカメラ」を作って、お互いに撮る真似をしてあそんでみましょう。

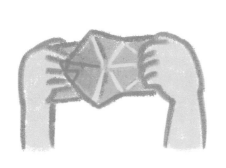

1 図のように親指を裏側に置き、両手で持ちます（前から見たところ）。

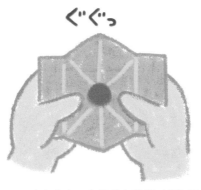

2 裏から赤い丸部分を親指で押し込みます。

3 音を立ててかみ合わせた部分が開きます（横から見たところ）。

4 **10**をもう1度行って、角をかみ合わせ、カメラの形に戻します。

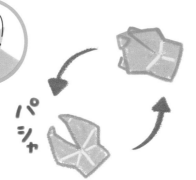

5 1〜4をくり返せば、何度でもあそぶことができます。

9

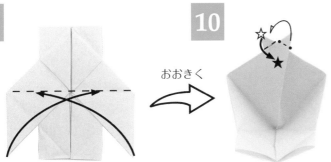

みぎと　ひだりの
かどを　おこす。

おおきく

10

おこした　かどが
かみあうように
かどを　おる。

11　できあがり

ゆびわ ⭐⭐

つかうどうぐ

じょうぎ

つかうおりがみ

1まい

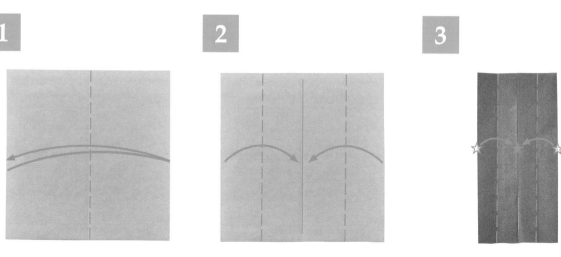

1　**2**　**3**

台座部分に模様を描き込んで、
いろいろな指輪を作ってみま
しょう。

ゆきのゆびわ
‥‥‥‥‥‥‥‥
ゆきの もようで
ゆきの
じょおうさまの
ゆびわに。

きらきらの
ゆびわ
‥‥‥‥‥‥‥‥
すきな いろの
ほうせきを かいてみよう。
きらきら きれい だね。

7 できあがり

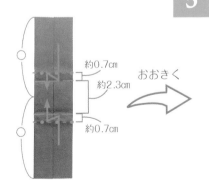

〔折ったもの〕 〔切ったもの〕

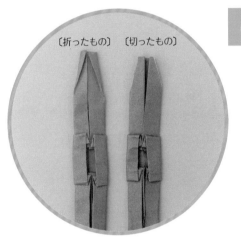

かどを おったり はさみで
きったりすると、さしこみやすい。

6

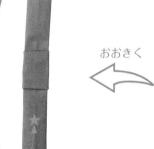

おおきく

☆を ★に さしこむ。

4

約0.7cm
約2.3cm
約0.7cm

おおきく

5

約0.9cm

うらがえす

まんなかを あけて
だんおりする。

おった ところ

うでに　つけたら　ダイヤモンドが　きらきら

ブレスレット ⭐⭐

つかうどうぐ	
のり	はさみ	じょうぎ

つかうおりがみ

3ぶんの1
2まい

2センチ

ぎんいろ

1

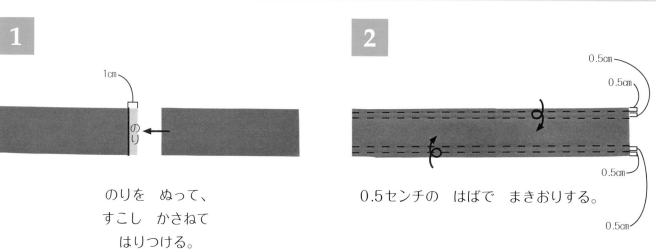

1㎝

のり

のりを　ぬって、
すこし　かさねて
はりつける。

2

0.5㎝

0.5㎝

0.5㎝

0.5㎝

0.5センチの　はばで　まきおりする。

78

6

でき**あがり**

あそびかた

シールなどで飾って、オリジナルのブレスレットを作りましょう。
ごっこあそびのアイテムとしてもいいですね。

すきまを ひろげ、
はしを さしこむ。

5

5cm

3 に **4** を はめこみ、のりで はる。
みぎを おりまげ、
ひだりに さしこむ。

3

おった ところ

4

2cm

2cm

2センチ×2センチの
かざりを 5～6つ つくる。

79

ワンピース ⭐⭐

つかうおりがみ

1まい

1

2

うえの　1まいを　おる。
うらがわも　おなじように　おる。

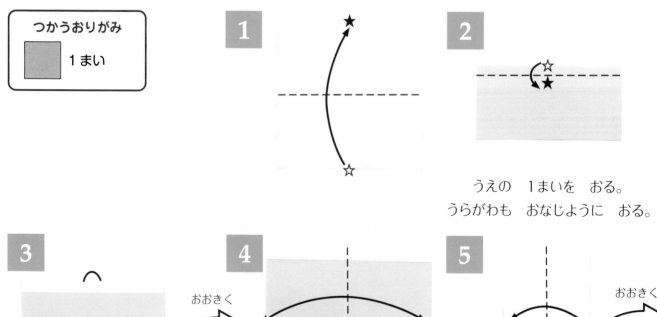

3

うらがわの　1まいを　したに
めくり、ひろげる。

4

おおきく

5

おおきく

うえの　1まいを　おる。
うらがわも　おなじように　おる。

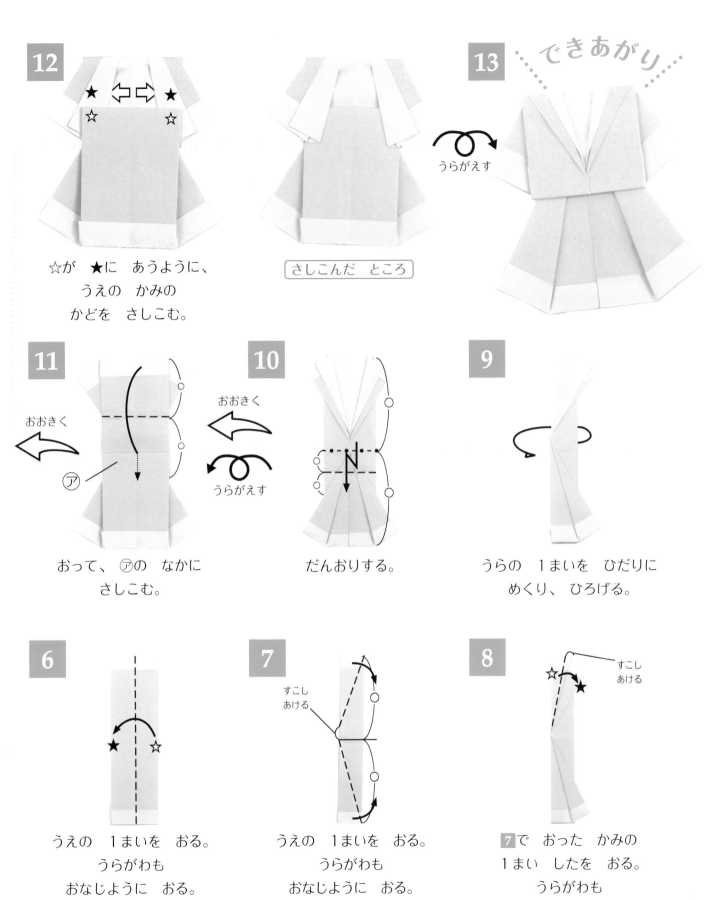

12

☆が ★に あうように、
うえの かみの
かどを さしこむ。

13 できあがり

うらがえす

さしこんだ ところ

11

おおきく

⑦

おって、 ⑦の なかに
さしこむ。

10

おおきく

うらがえす

だんおりする。

9

うらの 1まいを ひだりに
めくり、 ひろげる。

6

★ ☆

うえの 1まいを おる。
うらがわも
おなじように おる。

7

すこし
あける

うえの 1まいを おる。
うらがわも
おなじように おる。

8

☆ ★ すこし
あける

7で おった かみの
1まい したを おる。
うらがわも
おなじように おる。

けんを　もって　ぼうけんごっこを　してみよう

けん

つかうおりがみ

1まい

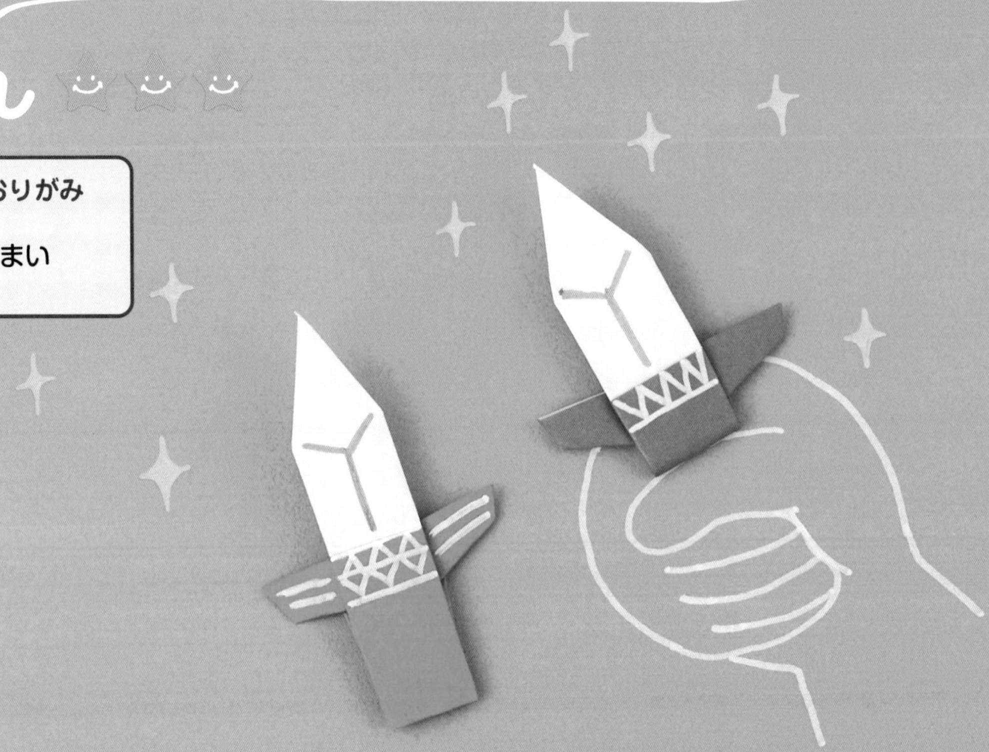

原案：渡部浩美

1

2

つらがえす

3

4

5

おおきく
うらがえす

3で　つけた
おりすじどおりに　おる。

おった　ところ

※写真の右側の剣は、持ち手部分を少し折っています。

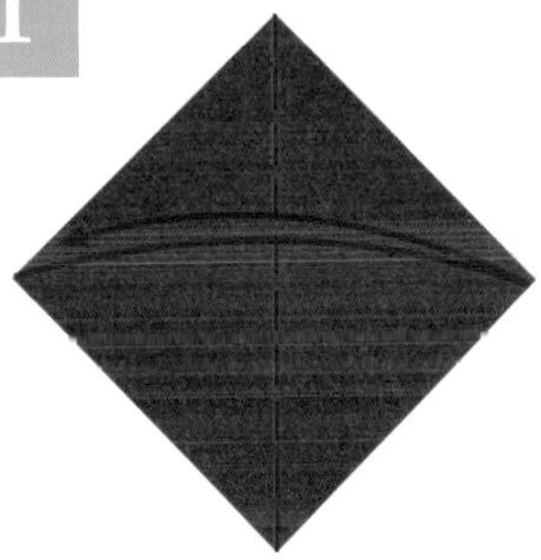

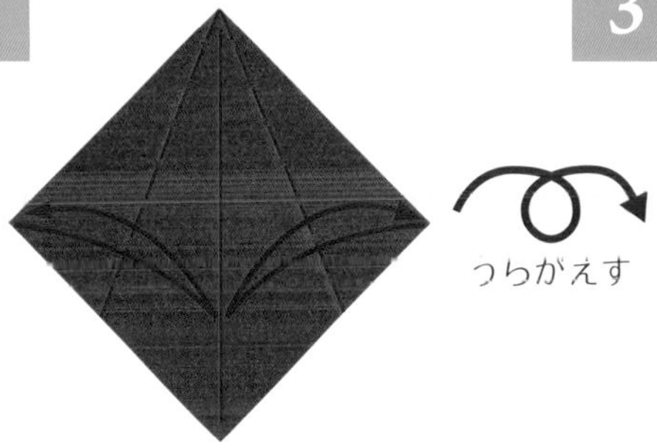

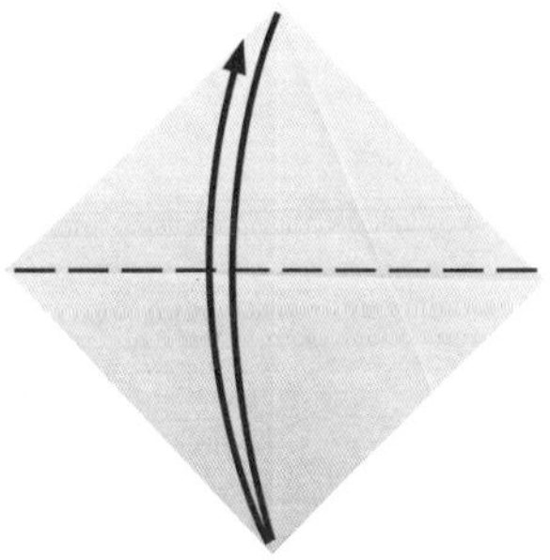

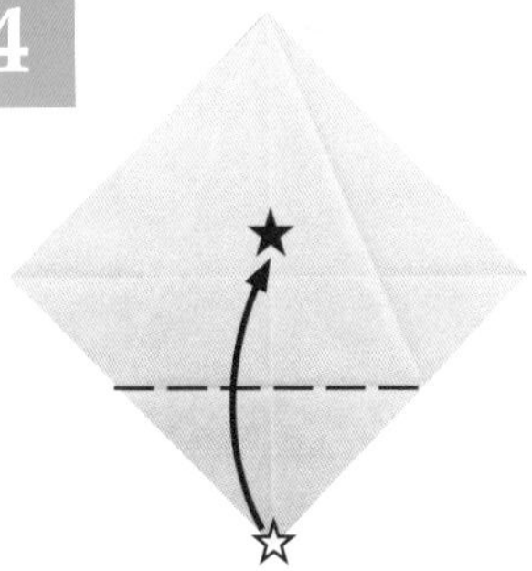

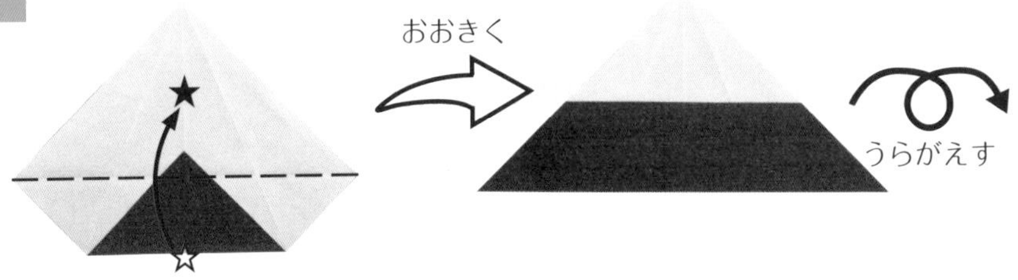

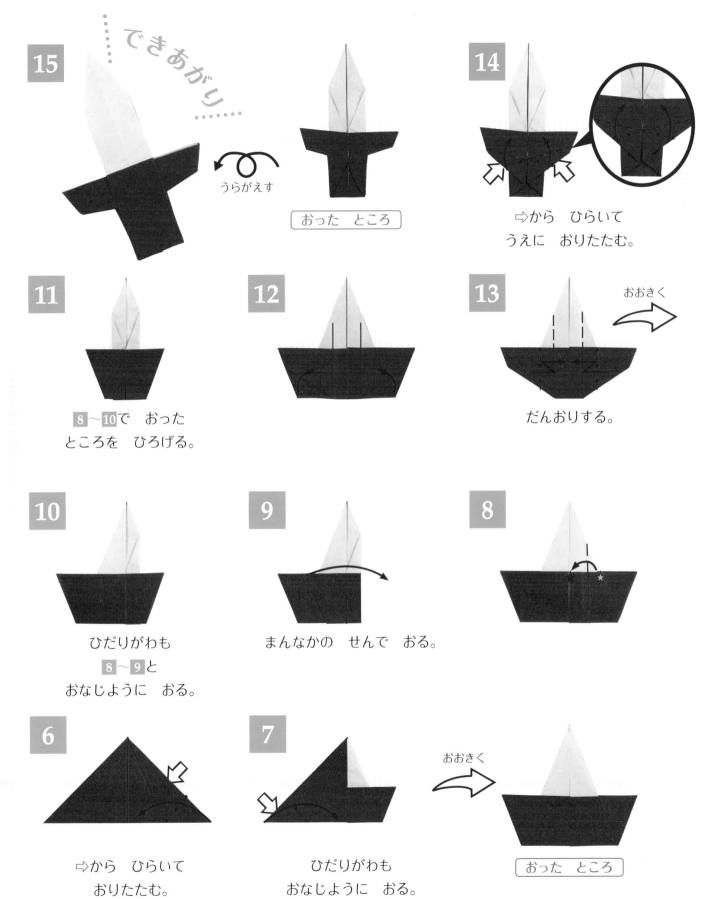

15

できあがり

うらがえす

14

おった ところ

⇨から ひらいて
うえに おりたたむ。

11

8 〜 10 で おった
ところを ひろげる。

12

13

おおきく

だんおりする。

10

ひだりがわも
8 〜 9 と
おなじように おる。

9

まんなかの せんで おる。

8

6

⇨から ひらいて
おりたたむ。

7

ひだりがわも
おなじように おる。

おおきく

おった ところ

きょうりゅう ➡ はりねずみ

きょうりゅうさんと　はりねずみさんの　かくれんぼ！

おはなし + へんしん

1 きょうりゅうさんが
はりねずみさんを
さがしています。
「どこへ　にげたんだ。
みつからないぞ！」

2 ここに　いましたね！
「しめしめ　まったく
きづいてないぞ」

原案：渡部浩美

1

おりすじを　つける。

うらがえす

2

おりすじを　つける。

つかうおりがみ

1 まい

3

☆が　★に　あうように
おりたたむ。

おりたたんでいる　ところ。

おおきく

むきを
かえる

おった　ところ

※恐竜→はりねずみと変化させ、完成したタイミングで子どもたちとお話を作ってあそんでみましょう。

9

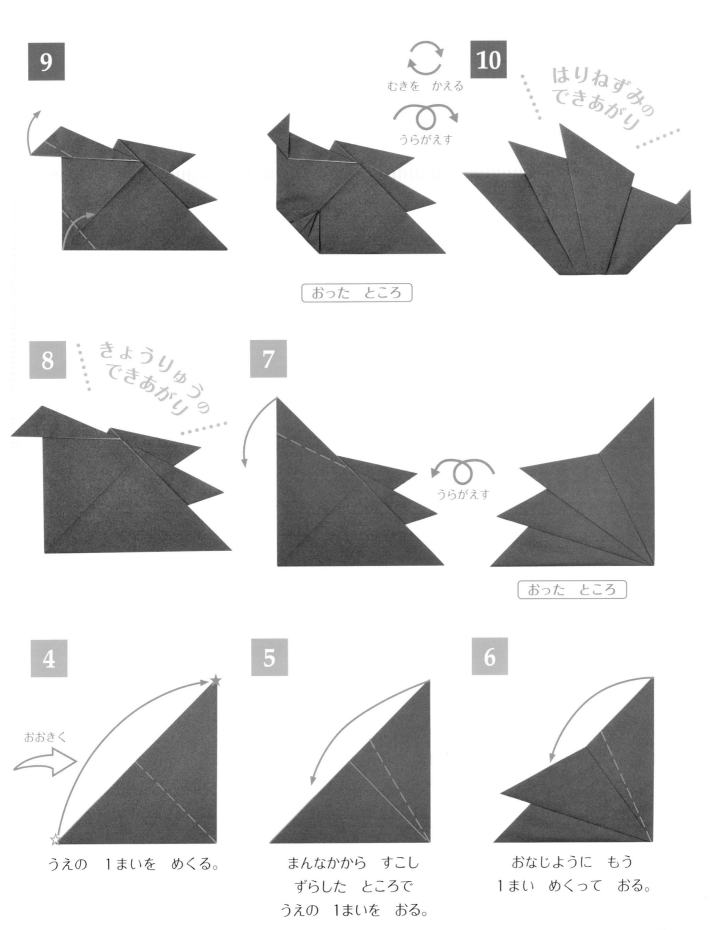

10

むきを かえる

うらがえす

はりねずみの
できあがり

おった ところ

8

きょうりゅうの
できあがり

7

うらがえす

おった ところ

4

おおきく

うえの 1まいを めくる。

5

まんなかから すこし
ずらした ところで
うえの 1まいを おる。

6

おなじように もう
1まい めくって おる。

おかしやさんに おかいものに いこう！

いえ ➡ おみせ ☆☆

おはなし ＋ へんしん

❶ きょうは かぞくで おでかけ！どこに いこうかな。 ➡ ❷ おかしやさんに けってい！いろいろ あって まよっちゃう。

つかうおりがみ
1まい

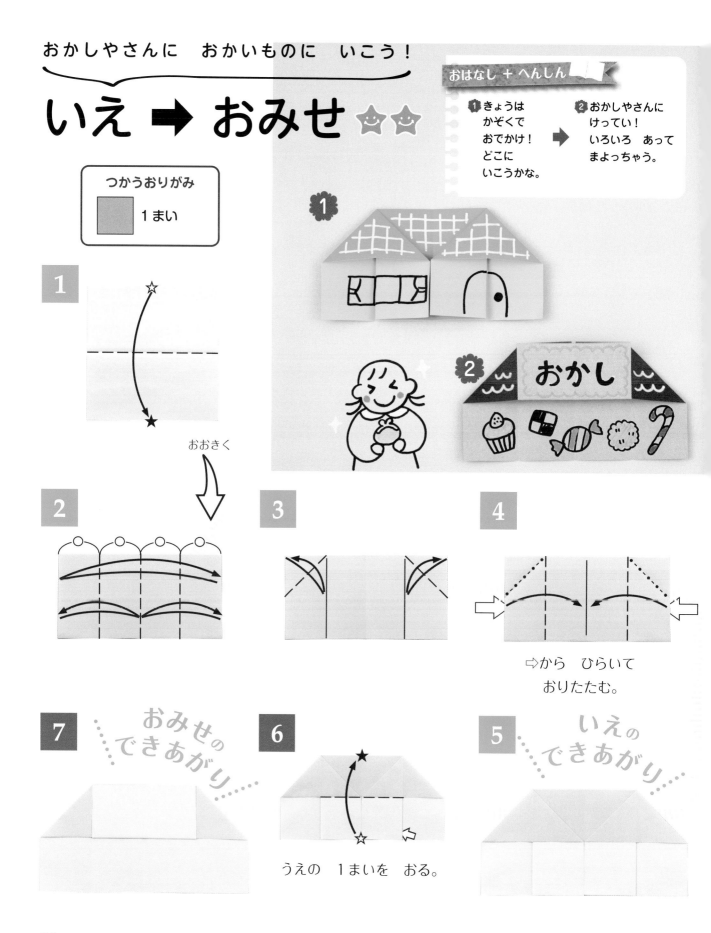

1

おおきく

2

3

4

➪から ひらいて おりたたむ。

7

おみせの できあがり

6

うえの 1まいを おる。

5

いえの できあがり

3章

リアルなおりがみ

大人だからこそ作れる、高難易度でリアルな作品を集めました。
季節の行事に合わせて、保育室に飾ったりプレゼントしたりすれば、
子どもたちは喜ぶこと間違いなしです。
工程数が多く、難しいところもありますが、
ぜひ楽しみながらチャレンジしてみてください！
プロセス動画のQRコードつき（P.112）。

※各作品で指定している紙の種類や厚さは、おすすめの一例になります。慣れてきたらほかの紙でも挑戦してみましょう。

折り方の記号について

3章では折り図が複雑なため、見やすいように一部の折り方の記号を簡略化して
表記しています。また、よりわかりやすいように山折りと谷折りを示す折り方の記
号を色分けしました。

山折り ------------------------

接着面

谷折り - - - - - - - - - - - - - -

※☆、★のマークはわかりにくいところのみに
　入れています。

ブローチ

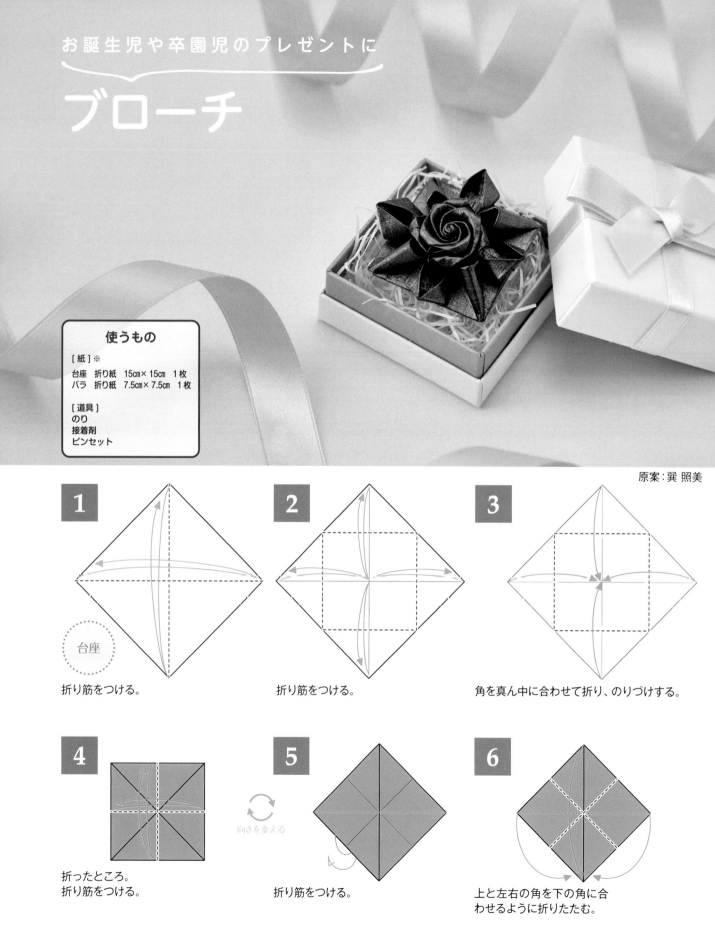

使うもの

[紙] ※
台座 折り紙 15cm×15cm 1枚
バラ 折り紙 7.5cm×7.5cm 1枚

[道具]
のり
接着剤
ピンセット

原案：巽 照美

1
折り筋をつける。

2
折り筋をつける。

3
角を真ん中に合わせて折り、のりづけする。

4
折ったところ。
折り筋をつける。

向きを変える

5
折り筋をつける。

6
上と左右の角を下の角に合わせるように折りたたむ。

※硬すぎるとバラ（P.90）が折りにくくなるので、市販の折り紙程度の厚さ（77μm）がおすすめです。
統一感を出すために、台座の紙もそれに合わせましょう。

7

上の1枚を折る。

8

右から左へめくり、ほかの3箇所も **7** と同様に折る。

9

8 で開いた面を正面とし、左右の紙の枚数を同じにして厚さをそろえる。上の角を下の辺に合わせて折る。

10

➡ から上の1枚を開いて折りたたむ。

11

➡ から開いて折りたたむ。

12

右から左へめくり、ほかの3箇所も **9**〜**11** と同様に折る。

13

大きく ➡

矢印から開き、箱の形のように広げる。

14

大きく

向きを変える

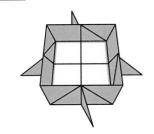

底の4辺に折り筋をつけ、形を整える。

15

内側の底面にのりを塗る。

16

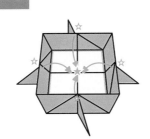

大きく ➡

四方の☆を真ん中の★に合うように折りたたむ。

17

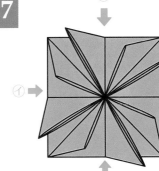

㋐

㋑ ㋑

㋑

折ったところ。

18

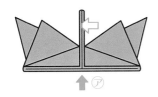

↑㋐

㋐から見たところ。
➡ から開いて内側が見えるようにする。

19

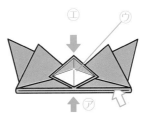

㋓ ㋒

↑㋐

㋒をのりづけする。➡ から開いて土台部分ものりづけする。
17 の㋑の3箇所も **18**〜**19** と同様に折る。

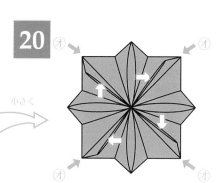

20

21

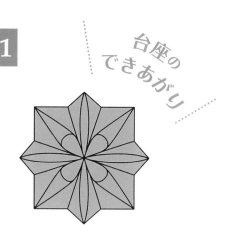

台座の
できあがり

エ（P.89-**19**）から見たところ。
オの4つの角は⇨から開いてつぶす。

1

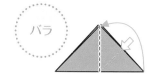

バラ

台座の**1**～**8**の工程と同様に
折る。
⇨から上の1枚を開き、折りた
たむ。

2

右から左へめくり、ほかの3箇
所も**1**と同様に折りたたむ。

3

折ったところ。
1枚めくる。

4

3で開いた面を正面とし、左右
の紙の枚数を同じにして厚さ
をそろえる。

5

カ

4つの角の☆が底面の★に合
うように下ろす。

6

キ

小さく

カから見た図。
キの部分をピンセットでつま
み、左に巻いて花弁になるよ
うに形作る。

7

形作ったところ。

8

青線部分のような角を、ピンセ
ントに巻きつけ、しごくように
丸めて花びらのくせをつける。

9

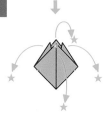

形を整えてバラのできあがり。
もう一度中心をピンセットでつま
んで、巻き直すとなおよい。

10

バラを台座の真ん中に接着剤で貼る。

11

ブローチの
できあがり

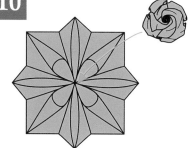

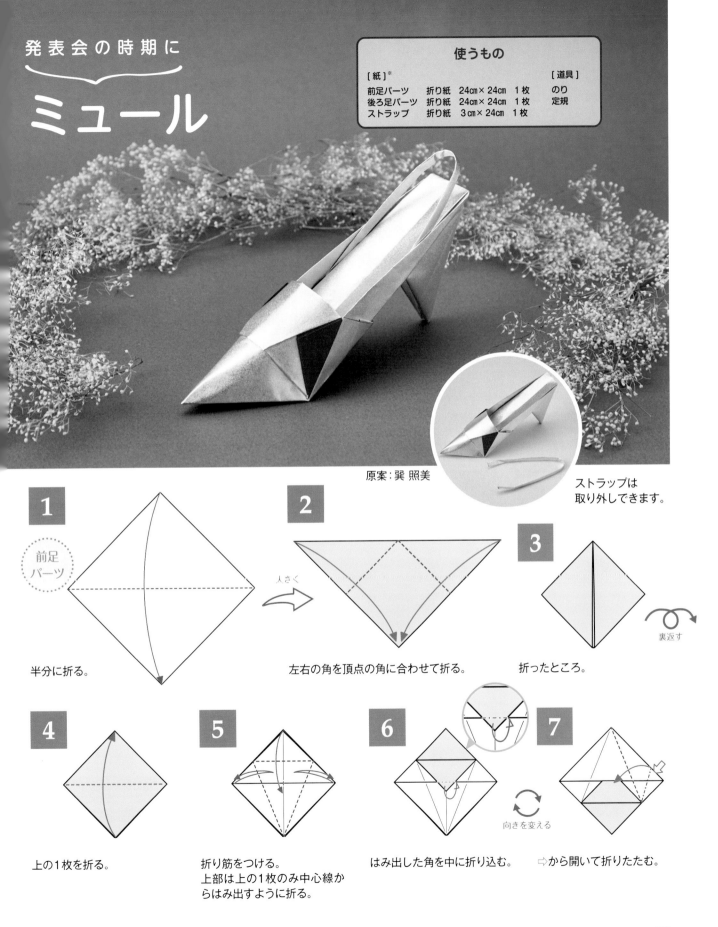

発表会の時期に

ミュール

使うもの				
[紙]※				[道具]
前足パーツ	折り紙	24cm×24cm	1枚	のり
後ろ足パーツ	折り紙	24cm×24cm	1枚	定規
ストラップ	折り紙	3cm×24cm	1枚	

原案：巽 照美

ストラップは
取り外しできます。

1

前足
パーツ

半分に折る。

2

人さく

左右の角を頂点の角に合わせて折る。

3

裏返す

折ったところ。

4

上の1枚を折る。

5

折り筋をつける。
上部は上の1枚のみ中心線か
らはみ出すように折る。

6

向きを変える

はみ出した角を中に折り込む。

7

⇨から開いて折りたたむ。

※市販の折り紙の厚さ（77μm）が作りやすいのでおすすめです。

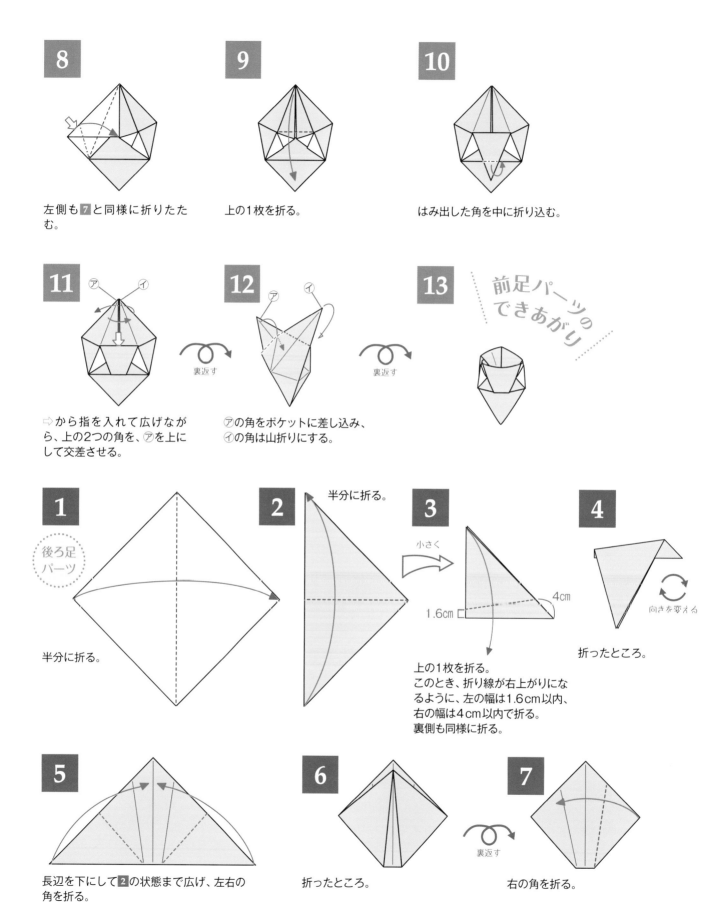

8

左側も **7** と同様に折りたたむ。

9

上の1枚を折る。

10

はみ出した角を中に折り込む。

11 ㋐ ㋑

⇨から指を入れて広げながら、上の2つの角を、㋐を上にして交差させる。

裏返す

12 ㋐ ㋑

㋐の角をポケットに差し込み、㋑の角は山折りにする。

裏返す

13

前足パーツのできあがり

1

後ろ足パーツ

半分に折る。

2

半分に折る。

3

小さく

1.6cm 4cm

上の1枚を折る。
このとき、折り線が右上がりになるように、左の幅は1.6cm以内、右の幅は4cm以内で折る。
裏側も同様に折る。

4

向きを変える

折ったところ。

5

長辺を下にして **2** の状態まで広げ、左右の角を折る。

6

折ったところ。

7

裏返す

右の角を折る。

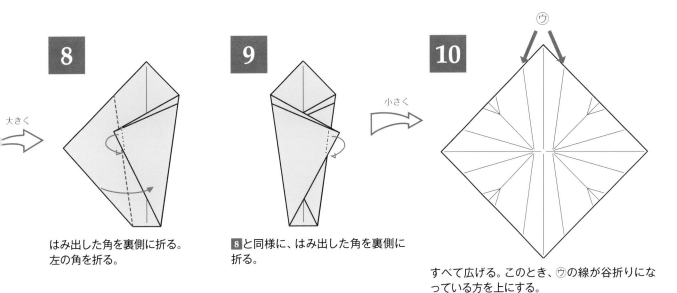

8 大きく

はみ出した角を裏側に折る。
左の角を折る。

9

⑧と同様に、はみ出した角を裏側に
折る。

小さく

10 ⑦

すべて広げる。このとき、⑦の線が谷折りにな
っている方を上にする。

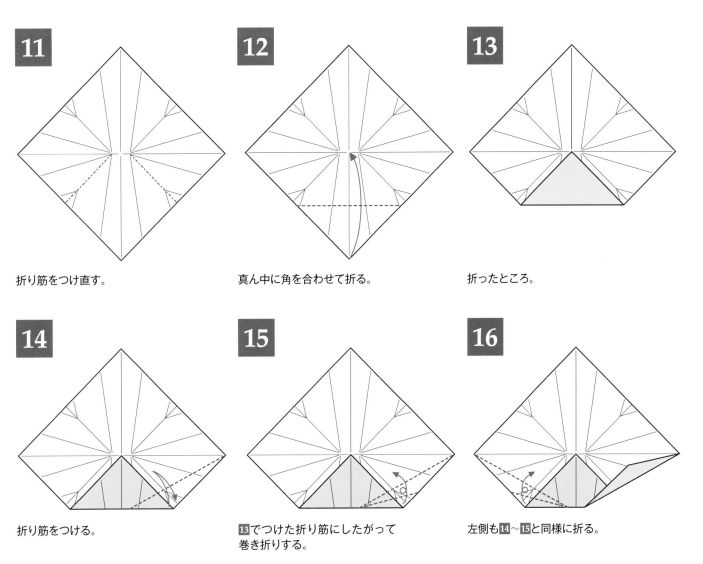

11

折り筋をつけ直す。

12

真ん中に角を合わせて折る。

13

折ったところ。

14

折り筋をつける。

15

⑬でつけた折り筋にしたがって
巻き折りする。

16

左側も⑭〜⑮と同様に折る。

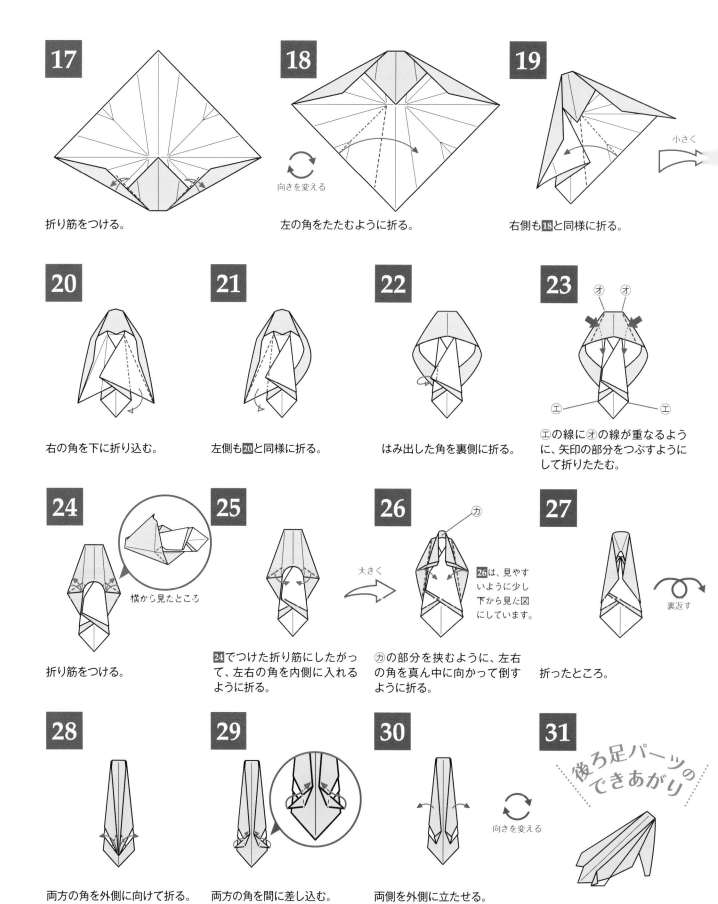

17 折り筋をつける。

18 左の角をたたむように折る。

向きを変える

19 右側も **18** と同様に折る。

小さく

20 右の角を下に折り込む。

21 左側も **20** と同様に折る。

22 はみ出した角を裏側に折る。

23 オ オ

エ エ

エの線にオの線が重なるように、矢印の部分をつぶすようにして折りたたむ。

24 折り筋をつける。

横から見たところ

25 **24** でつけた折り筋にしたがって、左右の角を内側に入れるように折る。

26 カ

大きく

26 は、見やすいように少し下から見た図にしています。

カの部分を挟むように、左右の角を真ん中に向かって倒すように折る。

27 折ったところ。

裏返す

28 両方の角を外側に向けて折る。

29 両方の角を間に差し込む。

30 両側を外側に立たせる。

向きを変える

31 後ろ足パーツのできあがり

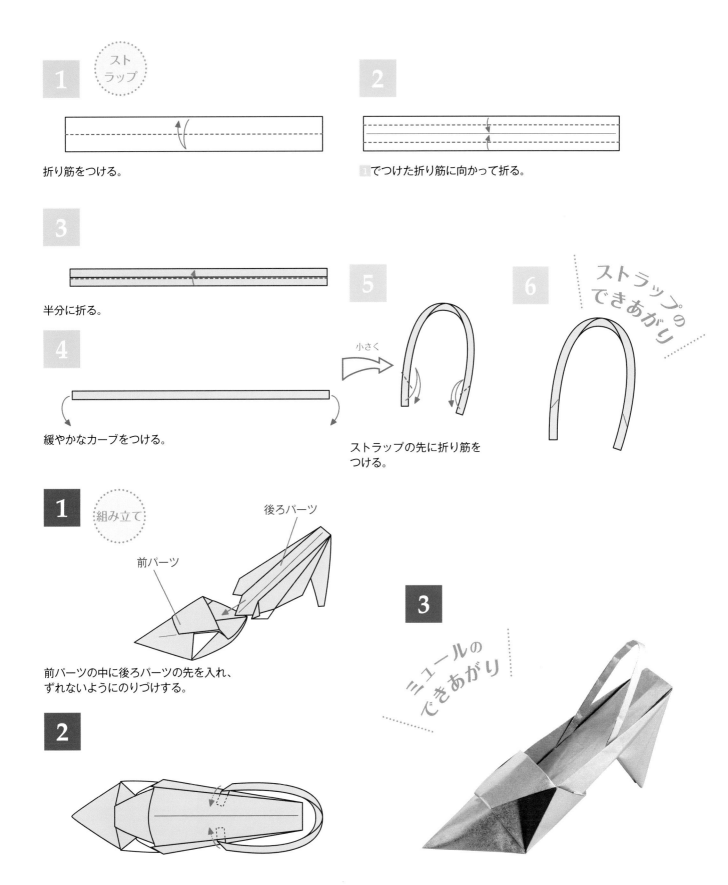

1 ストラップ

折り筋をつける。

2

1でつけた折り筋に向かって折る。

3

半分に折る。

4

緩やかなカーブをつける。

5

小さく

ストラップの先に折り筋をつける。

6

ストラップのできあがり

1 組み立て

後ろパーツ

前パーツ

前パーツの中に後ろパーツの先を入れ、ずれないようにのりづけする。

2

ストラップを後ろ足パーツに差し込み、つけた折り筋部分で起こす。

3

ミュールのできあがり

トリケラトプス

使うもの
和紙※　40cm×40cm　1枚

原案：福井久男

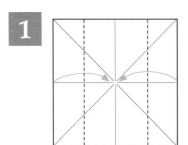

1 図のように折り筋をつけ、真ん中に向かって折る。

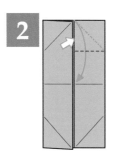

2 ⇨から開いて下に折りたたみ、三角を作る。

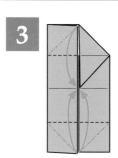

3 残りの3箇所も **2** と同様に折る。

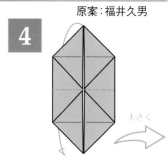

4 半分に折る。

人さく

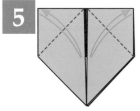

5 折り筋をつける。

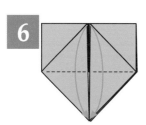

6 上の1枚を折る。

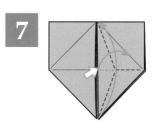

7 ⇨から開いて下の角を上げながら折りたたむ。

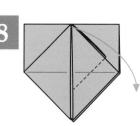

8 上の1枚を折る。

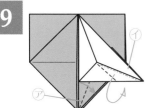

9 まず㋐の線で折り、たるんだ紙を㋑の角の下に折り込む。

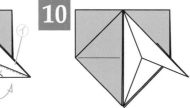

10 左側も **7**〜**9** と同様に折り、左右対称にする。

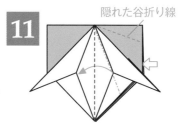

11 ⇨から開いて折りたたむ。

隠れた谷折り線

12 ⇨から開いて内側に折りたたむ。

隠れた山折り線

※ある程度、紙の厚さがないと、完成したときに自立できず、倒れてしまいます。楮（こうぞ）の和紙がおすすめです。

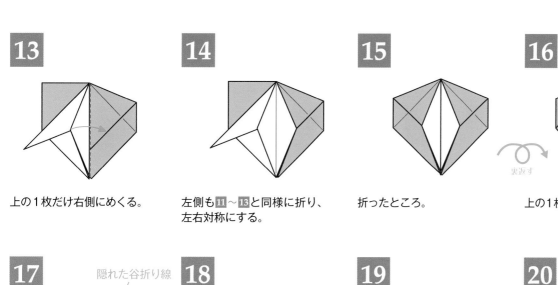

13 上の1枚だけ右側にめくる。

14 左側も [11]～[13] と同様に折り、左右対称にする。

15 折ったところ。

16 上の1枚を折る。

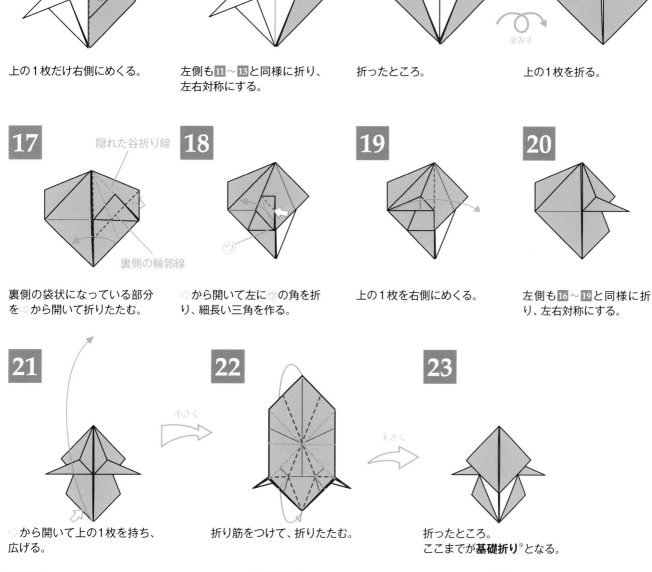

17 裏側の袋状になっている部分を⇨から開いて折りたたむ。

隠れた谷折り線
裏側の輪郭線

18 ⇨から開いて左に◡の角を折り、細長い三角を作る。

19 上の1枚を右側にめくる。

20 左側も [16]～[19] と同様に折り、左右対称にする。

21 ⇨から開いて上の1枚を持ち、広げる。

小さく

22 折り筋をつけて、折りたたむ。

大さく

23 折ったところ。
ここまでが **基礎折り**※となる。

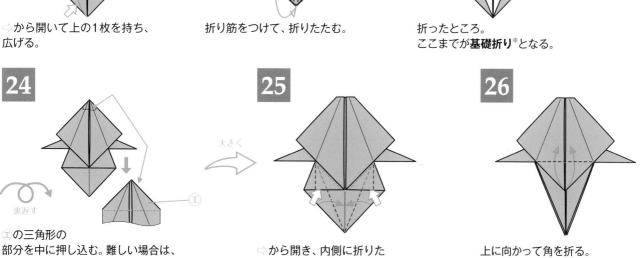

24 ⊥の三角形の部分を中に押し込む。難しい場合は、そのまま山折りしてもよい。

裏返す

25 ⇨から開き、内側に折りたたむ。

大さく

26 上に向かって角を折る。

※基礎折りとは、誰が折ってもこの形になる手順のことを示しています。ここまでしっかり折れていれば、このあとの折り方（角度や位置）に
多少アレンジを加えても、完成が大きく変わることはありません。

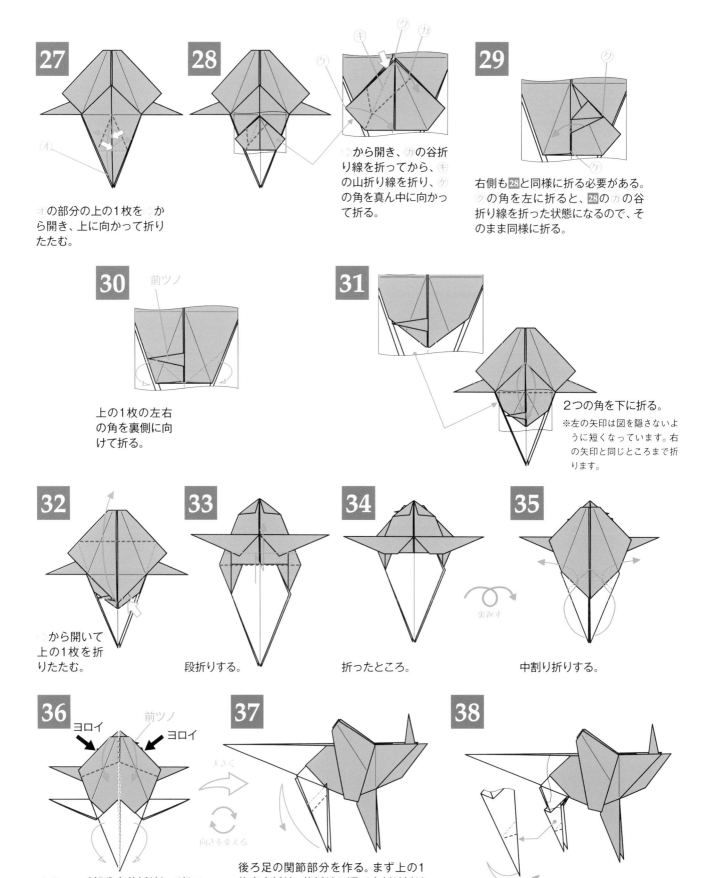

27 オの部分の上の1枚を⇔から開き、上に向かって折りたたむ。

28 ⇔から開き、カの谷折り線を折ってから、キの山折り線を折り、ケの角を真ん中に向かって折る。

29 右側も**28**と同様に折る必要がある。クの角を左に折ると、**28**のカの谷折り線を折った状態になるので、そのまま同様に折る。

30 上の1枚の左右の角を裏側に向けて折る。

前ツノ

31 2つの角を下に折る。
※左の矢印は図を隠さないように短くなっています。右の矢印と同じところまで折ります。

32 ⇔から開いて上の1枚を折りたたむ。

33 段折りする。

34 折ったところ。

35 中割り折りする。

実際す

36 ➡のヨロイ部分を谷折りして起こしつつ、真ん中で山折りして体を作る。前ツノは立てる。

ヨロイ　前ツノ　ヨロイ

37 後ろ足の関節部分を作る。まず上の1枚を山折り、谷折りの順で中割り折りする。(段折りのようになる)。裏側も同様に折る。

入さく
向きを変える

38 後ろ足のかかと部分を作る。まず上の1枚をかかと折り(P.6)する。裏側も同様に折る。

39

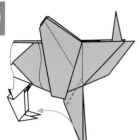

前足の関節部分を作る。上の1枚をかぶせ折りする。裏側も同様に折る。

40

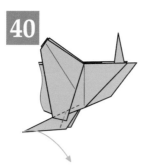

上の1枚をもう一度かぶせ折りして関節を作る。裏側も同様に折る。

41

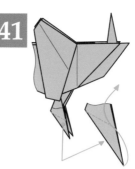

前足のつま先を作る。上の1枚を中割り折りし、裏側も同様に折る。

42

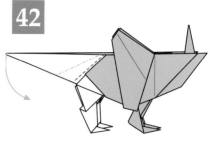

尾の部分を作る。尾の先端を下ろし、おじぎ折り（P.6）する。

43

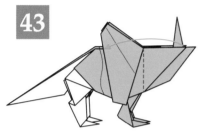

角を折る。裏側も同様に折る。

44

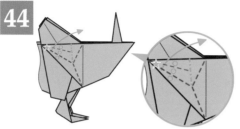

折り筋をつけ、★の部分をつまんで上げ、ツノ部分を作る。裏側も同様に折る。

45

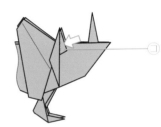

⇨部分を開いて、◻の部分を中に折り込み、ツノを細く鋭くする。裏側も同様に折る。

46

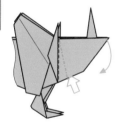

⇨から開いておじぎ折りする。

47

段折りにする。裏側も同様に折る。

48

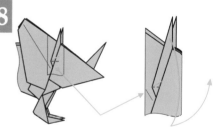

ツノを前に倒す。裏側も同様に折る。

49

左右のバランスに気をつけながら、ヨロイ部分、体部分、頭部分を立体的にするために折り筋を追加する。

50

尾の角を内側に隠すように折り、自然な丸みを出す。つま先をすべて中割り折りする。

51

できあがり

かぶとむし

使うもの		
和紙※	30cm×30cm	1枚

原案：福井久男

1

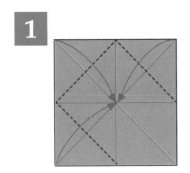

図のように折り筋をつけて、
角を真ん中に折る。

2

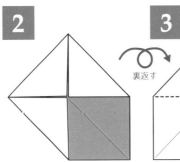

裏返す

折ったところ。

3

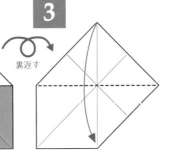

上下の角を合わせて
折る。

4

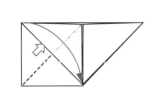

⇨から開いて折りたたむ。

5

折ったところ。

裏返す

6

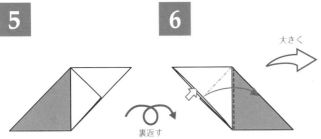

大きく

⇨から開いて折りたたむ。

7

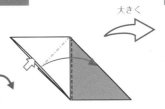

⇨から開いて折りたたむ。

8

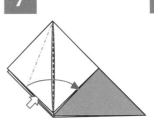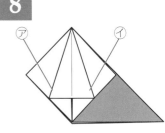

⑦

⑦の角を右にめくり、**7**と同様に
折る。
①の角も同様にめくって折る。

※リアルな重厚感を出すために、薄手の和紙がおすすめですが、折りにくい場合は市販の折り紙くらいの厚さ（77μm）でも大丈夫です。

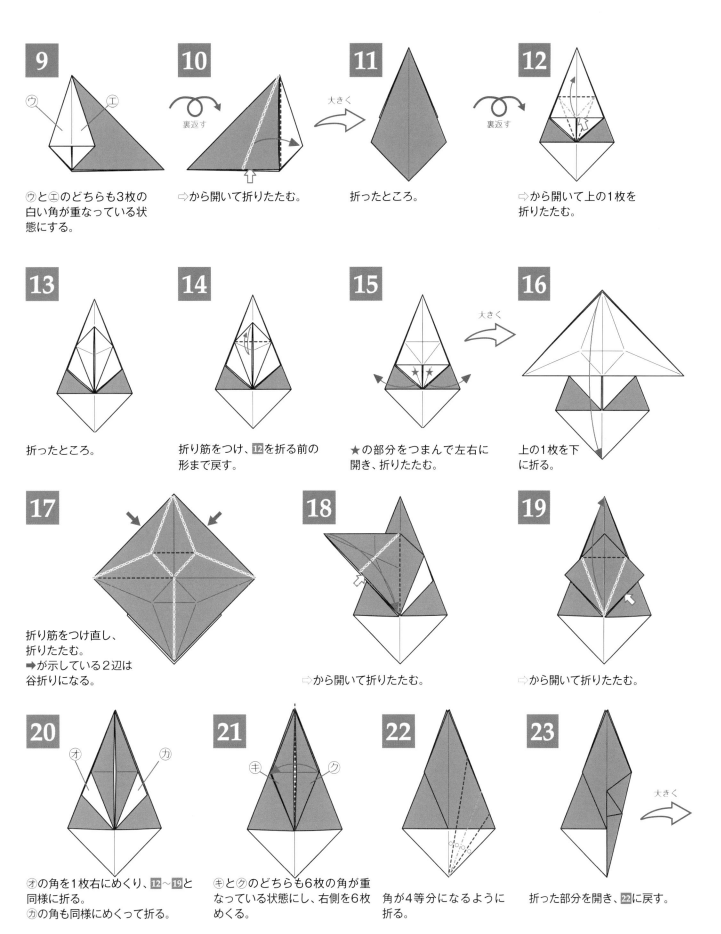

9

ⓦとⓔのどちらも3枚の
白い角が重なっている状
態にする。

10

裏返す

⇨から開いて折りたたむ。

11

大きく

折ったところ。

12

裏返す

⇨から開いて上の1枚を
折りたたむ。

13

折ったところ。

14

折り筋をつけ、**12**を折る前の
形まで戻す。

15

大きく

★の部分をつまんで左右に
開き、折りたたむ。

16

上の1枚を下
に折る。

17

折り筋をつけ直し、
折りたたむ。
➡が示している2辺は
谷折りになる。

18

⇨から開いて折りたたむ。

19

⇨から開いて折りたたむ。

20

ⓞ　ⓚ

ⓞの角を1枚右にめくり、**12**～**19**と
同様に折る。
ⓚの角も同様にめくって折る。

21

ⓚ　ⓒ

ⓚとⓒのどちらも6枚の角が重
なっている状態にし、右側を6枚
めくる。

22

角が4等分になるように
折る。

23

大きく

折った部分を開き、**22**に戻す。

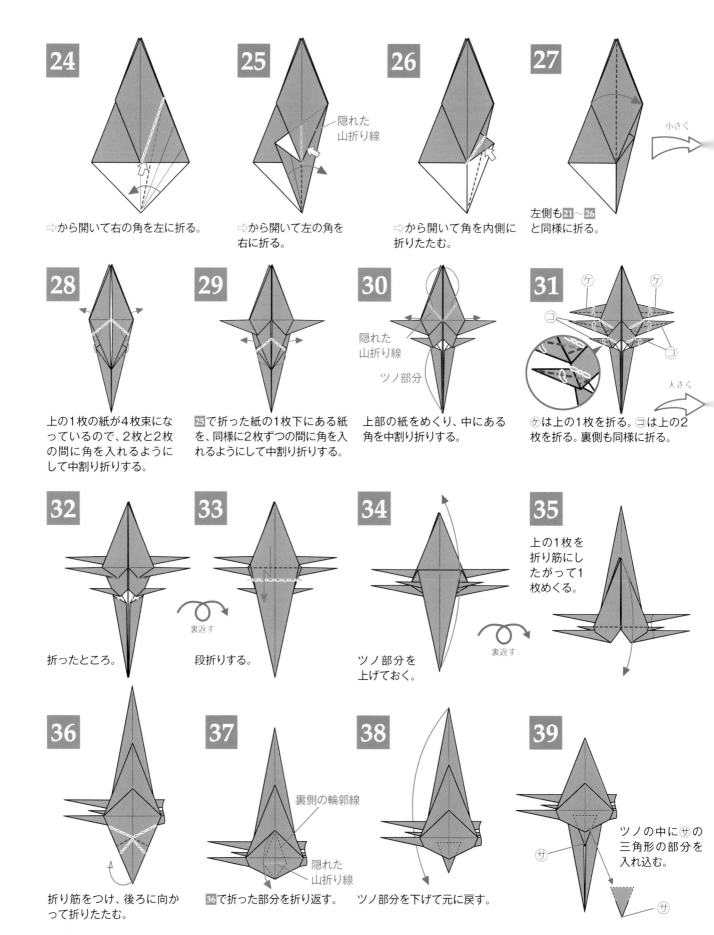

24 ⇨から開いて右の角を左に折る。

25 ⇨から開いて左の角を右に折る。

隠れた山折り線

26 ⇨から開いて角を内側に折りたたむ。

27 左側も 21 ～ 26 と同様に折る。

小さく

28 上の1枚の紙が4枚束になっているので、2枚と2枚の間に角を入れるようにして中割り折りする。

29 25 で折った紙の1枚下にある紙を、同様に2枚ずつの間に角を入れるようにして中割り折りする。

30 上部の紙をめくり、中にある角を中割り折りする。

隠れた山折り線

ツノ部分

31 ⑦は上の1枚を折る。⊐は上の2枚を折る。裏側も同様に折る。

ケ ケ

コ コ

大さく

32 折ったところ。

33 段折りする。

裏返す

34 ツノ部分を上げておく。

裏返す

35 上の1枚を折り筋にしたがって1枚めくる。

36 折り筋をつけ、後ろに向かって折りたたむ。

37 36 で折った部分を折り返す。

裏側の輪郭線

隠れた山折り線

38 ツノ部分を下げて元に戻す。

39 ツノの中に⊕の三角形の部分を入れ込む。

サ

サ

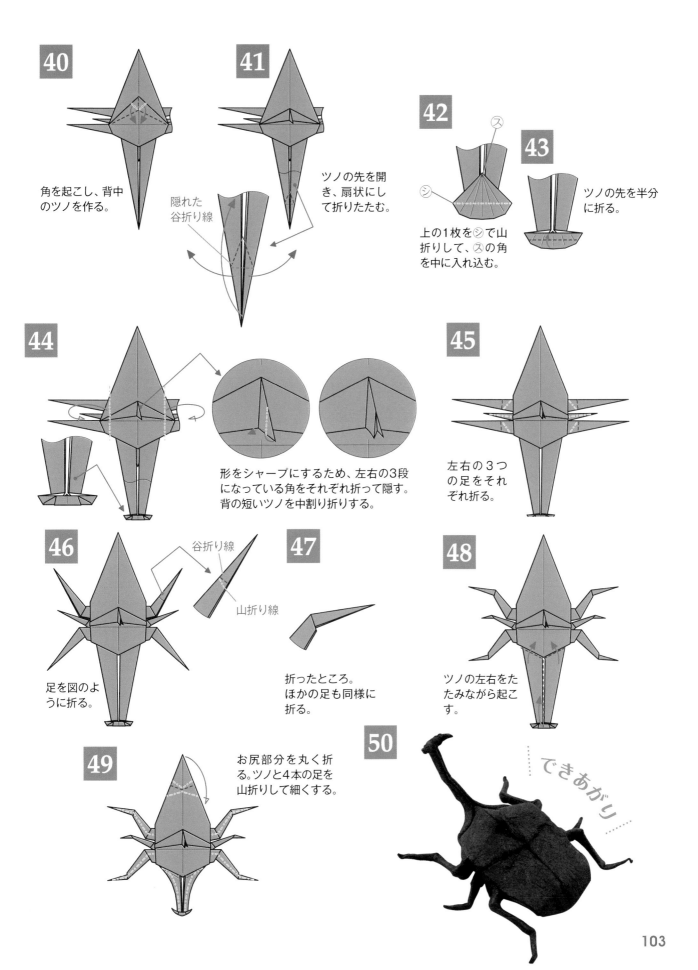

40 角を起こし、背中のツノを作る。

41 ツノの先を開き、扇状にして折りたたむ。

隠れた谷折り線

42 上の1枚を⑦で山折りして、⑦の角を中に入れ込む。

ス
シ

43 ツノの先を半分に折る。

44 形をシャープにするため、左右の3段になっている角をそれぞれ折って隠す。背の短いツノを中割り折りする。

45 左右の3つの足をそれぞれ折る。

46 足を図のように折る。

谷折り線
山折り線

47 折ったところ。ほかの足も同様に折る。

48 ツノの左右をたたみながら起こす。

49 お尻部分を丸く折る。ツノと4本の足を山折りして細くする。

50 できあがり

103

コインケース

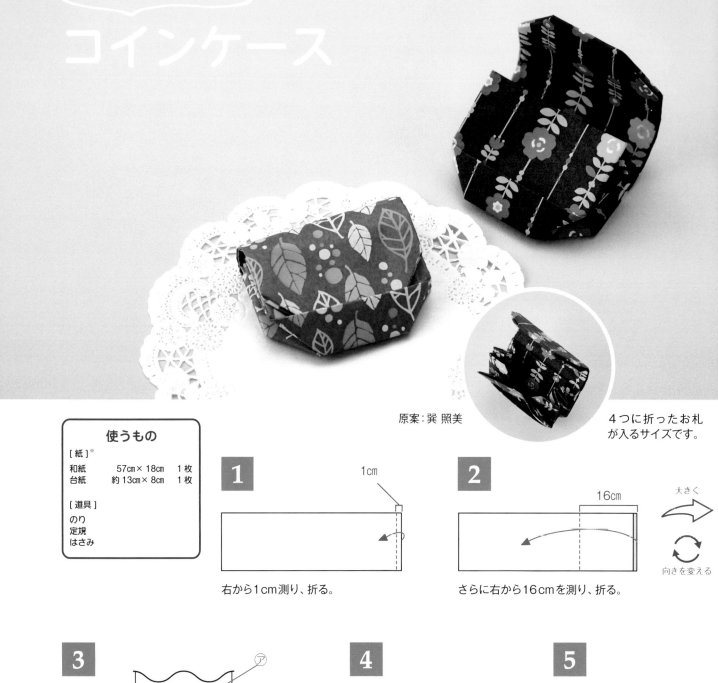

原案：巽 照美

4つに折ったお札
が入るサイズです。

使うもの

[紙]※
和紙	57cm× 18cm	1枚
台紙	約13cm× 8cm	1枚

[道具]
のり
定規
はさみ

1

1cm

右から1cm測り、折る。

2

16cm

大きく

向きを変える

さらに右から16cmを測り、折る。

3

⑦

8   8

大きく

約0.5cm   約0.5cm

⑦の線上に、左右から約0.5cmの切り込みを入れる。
切り込みと同じ幅になるように、折り筋をつける。

4

角を斜めに折る。
左側も同様に折る。

5

3でつけた折り筋にしたがい、
上の1枚を内側に入れ込むよ
うに折る。左側も同様に折る。

　※本体の紙はコピー用紙程度の厚さのものが折りやすいのでおすすめです。台紙は厚すぎるとふたが閉じにくくなるので、コピー用紙を2枚重
ねた程度の厚さにしましょう。

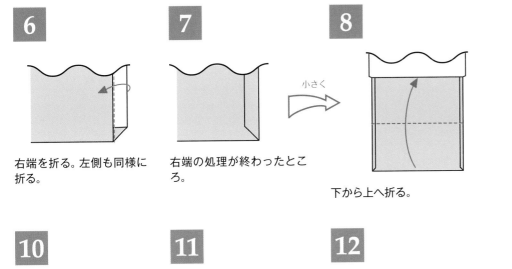

6

右端を折る。左側も同様に折る。

7

右端の処理が終わったところ。

小さく

8

下から上へ折る。

9

下から2cmのところで折り筋をつける。

2cm

10

上の1枚を折る。

2cm

11

折り筋をつける。

12

④の線から下までを3等分し、下から3分の1のところで左右の角を斜めに折る。

④

13

11の折り筋にしたがって、☆が★に合うように折りたたむ。

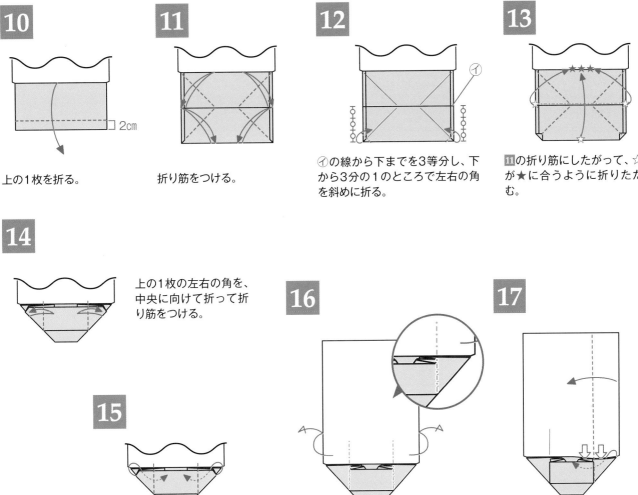

14

上の1枚の左右の角を、中央に向けて折って折り筋をつける。

15

14の折り筋の位置で、左右の角を中に入れ込むように中割り折りする。

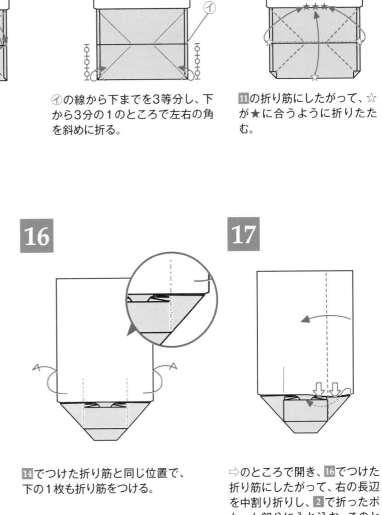

16

14でつけた折り筋と同じ位置で、下の1枚も折り筋をつける。

17

⇨のところで開き、16でつけた折り筋にしたがって、右の長辺を中割り折りし、2で折ったポケット部分に入れ込む。このとき下の折り筋から上に向かって左側との幅が狭くなっていくようにする。

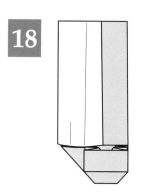

18

折ったところ。
左側も **17** と同様に折る。

19

上の左右の角を斜めに
折る。

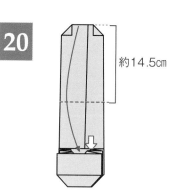

20

約14.5㎝

上から約14.5㎝の長さを測
り、折る。⇨から開き、**2** で
作ったポケット部分に差し
込む。

21

黒の点線を目安に、上の左
右の角を斜めに折って折
り筋をつける。

台紙をつける場合　　**17**〜**21** までで折った工程を戻し、**16** の状態にします。
台紙をつけることでより丈夫になります。

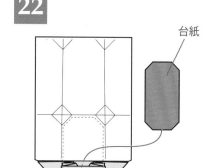

22

台紙

図の点線部分より少し小さめに台
紙を切り、**2** で作ったポケット部分
に差し込む。

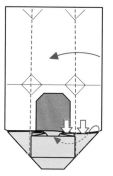

23

17〜**20** までの工程を再び行い、
21 の形にする。

24

21 でつけた折り筋にしたがっ
て、中割り折りして丸みを出す。

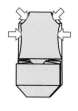

25

⇨から開いて隙間をのりづ
けして閉じる。

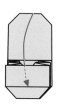

26

上部のふた部分を下のポケット
に差し込む。

27

できあがり

ランドセル

ふたは開閉でき
ます。

原案：巽 照美

使うもの

[紙]*
エナメル加工の紙

パーツA	1.5㎝×20㎝	1枚
パーツB	8㎝×9㎝	1枚
パーツC	① 2㎝×36㎝	1枚
	② 2.5㎝×17㎝	2枚
	③ 2㎝×17㎝	2枚
パーツD	1㎝×6㎝	1枚
本体	20㎝×78㎝	1枚

[道具]
のり
定規
はさみ

1

パーツA

3等分に折り筋をつける。

2

1でつけた折り筋にしたが
って巻き折りする。

3

パーツAの
できあがり

1

パーツB

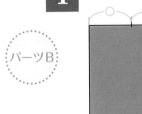

上部の真ん中に印をつける。

2

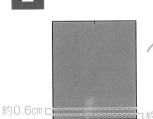

約0.6㎝   約0.6㎝

下から約0.6㎝幅で巻き折
りする。

3

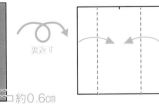

裏返す

1でつけた印を目印に、少し隙
間を開け、真ん中に向かって折る。

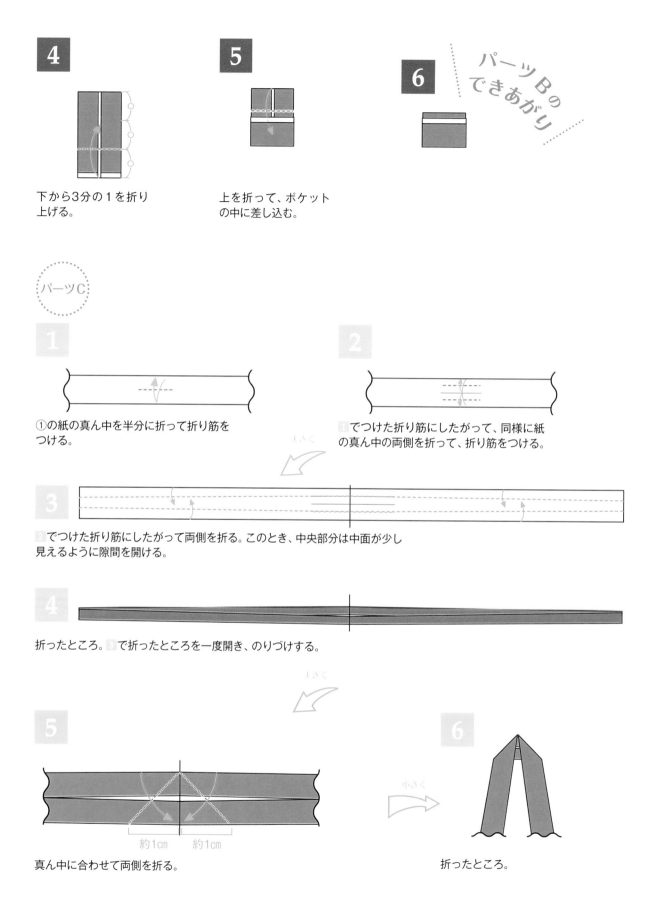

4 下から3分の1を折り
上げる。

5 上を折って、ポケット
の中に差し込む。

6 パーツBの
できあがり

パーツC

1 ①の紙の真ん中を半分に折って折り筋を
つける。

2 でつけた折り筋にしたがって、同様に紙
の真ん中の両側を折って、折り筋をつける。

3 でつけた折り筋にしたがって両側を折る。このとき、中央部分は中面が少し
見えるように隙間を開ける。

4 折ったところ。 で折ったところを一度開き、のりづけする。

5 真ん中に合わせて両側を折る。
約1cm 約1cm

6 折ったところ。

②の紙を、右に向かって細くなるように折る。

表

裏

折ったところ。⁷で折ったところを一度開き、のりづけする。②のもう1枚と、③の紙も⁷と同様に折ってのりづけする。

小さく

9

③ ② ② ③

折った②のパーツの裏側に、③のパーツの裏側を合わせてのりづけする。

10

裏返す

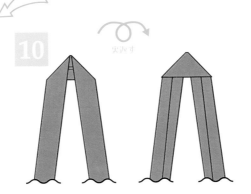

⁶のパーツを裏返す。

11

裏返す

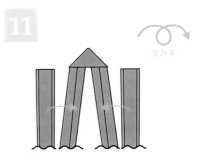

⁶のパーツに⁹で作ったパーツをのりづけする。このとき②のパーツ側を貼りつける。

12

直線部分をカーブさせる。

13

パーツCのできあがり

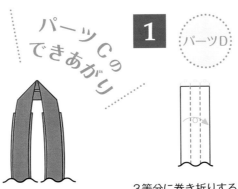

1

パーツD

3等分に巻き折りする。

2

パーツDのできあがり

本体

1

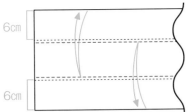

6cm

6cm

上から6cm測り、そこに合わせて下を折って折り筋をつける。下も同様に折る。

2

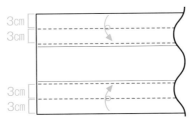

3cm
3cm

3cm
3cm

3cm幅で巻き折りし、折り筋をつける。

3

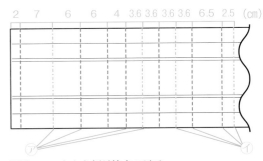

2　7　　6　　6　　4　3.6 3.6 3.6 3.6　6.5　2.5　(cm)

ア　　　　　　　　　　　　　　　　　　イ

測りつつ、左から折り筋をつける。

4

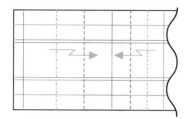

3の㋐の折り筋にしたがって段折りし、一度開いてのりづけする。

5

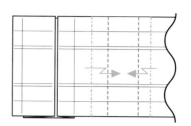

4と同様に、3の㋑の折り筋にしたがって段折りし、のりづけする。

6

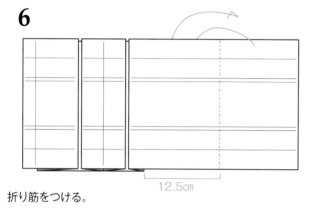

12.5㎝

折り筋をつける。

7

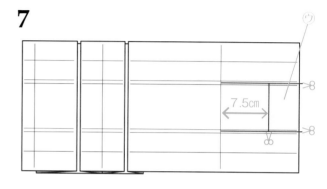

7.5㎝

図の位置に切り込みを入れる。㋒は不要になる箇所。

8

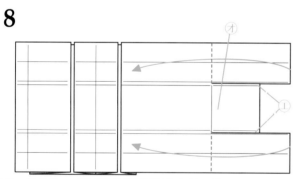

図の　部分を、6でつけた折り筋にしたがって折り、のりづけをする。

9

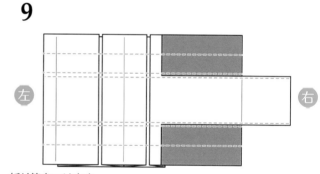

左　右

折り筋をつけ直す。

10

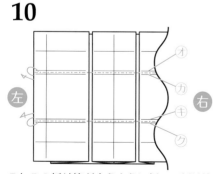

左　右

㋔と㋕の折り筋が合うように折って折り筋をつける。㋖と㋗も同じ。

11

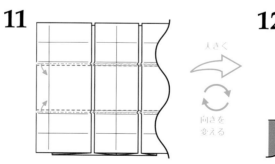

10でつけた折り筋のひだを内側に折る。このとき8の㋓が㋔の紙に向かって倒れるので、㋓を㋔にのりづけする。

12

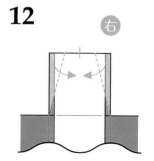

右

図の　部分を内側へ向かって折り、のりづけする。

13

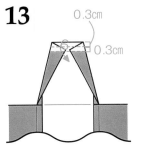

0.3cm
0.3cm

図の　部分を巻き折りして
のりづけする。

14

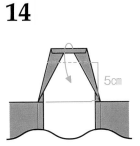

5cm

5cmの幅を開けて折る。

15

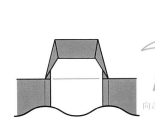

折ったところ。

16

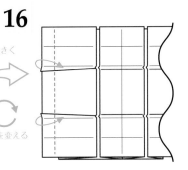

大きく

向きを変える

折り筋にしたがって折る。

17

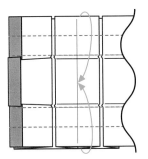

折り筋にしたがって長方形の筒状になる
ように折る。

18

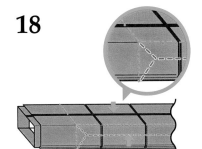

図のように上部と両側面を押し込む。

19

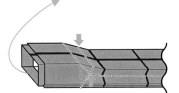

向きを変える

左端を立たせるために、矢印
の箇所を押し込みながら折
りたたむ。

20

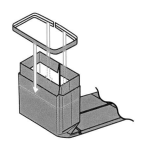

パーツAを箱の形に合うように整えて
巻きつけ、両面テープで貼りつける。

21

矢印の向きに背面を立たせ、両面テー
プで貼りつける。

22

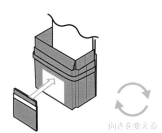

向きを変える

パーツBを両面テープで貼りつける。

23

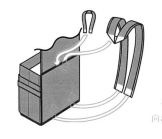

向きを変える

パーツCとパーツDに両面テープを
巻きつけ、差し込んでとめる。

24

向きを変える

ふたの先端の折り目を背面側からポケッ
ト状になっている部分に差し込む。

25

ランドセルの
できあがり

監修　小林　一夫（Kobayashi　Kazuo）

東京・御茶ノ水にある「おりがみ会館」館長。安政5年（1858年）創業の和紙の老舗「ゆしまの小林」4代目、社長。NPO法人国際おりがみ協会理事長。折り紙の展示や、教室の開催、講演などを通じ、和紙、文化の普及と継承に力を注いでいる。折り紙を本格的に折り始めたのは30代から。特に先人の知恵や技を感じることのできる伝承の折り紙を愛し、古くから日本人の心に根ざし、生活の中にある折り紙のあり方を伝播させている。その活動場所は日本のみならず世界各国に及び、日本文化の紹介、国際交流にも努めている。TV出演、著書・監修多数。著書に『Super Simple Origami』（Gakken）、『ひとりできれいにおれるおりがみ』（学研）、『親子でつくろう！はじめてのおりがみ』（朝日新聞出版）、『折り紙は泣いている』（愛育社／共著）など。

作品制作・編集協力　渡部浩美（1・2章校正）、福井久男、巽 照美

お茶の水 おりがみ会館

〒113-0034　東京都文京区湯島1-7-14　TEL：03-3811-4025　FAX：03-3815-3348
e-mail：info@origamikaikan.co.jp　HP：https://www.origamikaikan.co.jp/

※3章の写真で使用されている用紙は、おりがみ会館で販売しています。
　用紙に関するお問い合わせは【おりがみ会館　TEL：03-3811-4025】まで。

3・章・特・典・動・画

サイトにアクセスし、IDとパスワードを入力すると、動画がご覧になれます（「トリケラトプス」と「かぶとむし」は一部）。IDは全作品共通です。

動画サイトTOP：https://www.hoikucan.jp/book/origami/index.html
ID：origami60

URL：https://www.hoikucan.jp/book/origami/brooch/index.html
パスワード：brooch01

ブローチ　P.88

URL：https://www.hoikucan.jp/book/origami/mule/index.html
パスワード：mule02

ミュール　P.91

URL：https://www.hoikucan.jp/book/origami/triceratops/index.html
パスワード：triceratops03

トリケラトプス　P.96

URL：https://www.hoikucan.jp/book/origami/beetle/index.html
パスワード：beetle04

かぶとむし　P.100

URL：https://www.hoikucan.jp/book/origami/coinpurse/index.html
パスワード：coinpurse05

コインケース　P.104

URL：https://www.hoikucan.jp/book/origami/satchel/index.html
パスワード：satchel06

ランドセル　P.107

※動画の無断転載は固く禁じます。

Staff

編集	石黒太郎、安藤茉衣、西村彩加（スタジオダンク）	デザイン	徳本育民
編集協力	河 英実（おりがみ会館）	イラスト	竹永絵里、丹羽有里
撮影	三輪有紀（スタジオダンク）	図案	イシグロフミカ、ちばなおみ
校閲	聚珍社		